Mystische Pfade im Harz

Unberührte Wildnis in der
Harzer Berglandschaft

Anne Christine Martin · Stefan Feldhoff

Mystische Pfade

HARZ

38 Wanderungen auf den Spuren von Mythen und Sagen

BRUCKMANN

Inhalt

Vorwort   9

Einleitung   10

Der Nordharz

1   Teufelsmauer   6–8 Std.   ●   18
Auf einen Ritt von Ballenstedt nach Blankenburg

2   Volkmarskeller   3 Std.   ●   22
Zu den Ursprüngen des Klosters Michaelstein

3   Steinerne Renne   3.30 Std.   ●   26
Traumpfad mit tönendem Ambiente

4   Ilsetal und Ilsestein   4 Std.   ●   30
Der Fall Ilse

5   Rabenklippe   3–4 Std.   ●   34
Lust auf Pinselohren

Rund um den Brocken

6   Teufelsstieg   8–9 Std.   ●   38
Teufelsklauen am Weg zum Brocken

7   Achtermannshöhe   1.30–2 Std.   ●   42
Der Harz – ein Wintermärchen

Über den Teufelsstieg am Eckerstausee entlang und hinauf zum Brocken

8   Wurmberg   3 Std.   ● 44
Von Mythen und Alltag

9   Elendstal   2–3 Std.   ● 46
Magische Felsen: Scherstor- und Schnarcherklippen

10   Brocken   4 Std.   ● 48
Ein Kindheitstraum wird wahr

11   Hohnekamm   4 Std.   ● 52
Ein Blick auf den Anfang der Erde

Der westliche Harz

12   Okerklippen   3 Std.   ● 56
Zu den Felsentempeln der Vorzeit

13   Bocksberg   1.30 Std. ● 60
Der Höhepunkt liegt hier im Tal

14   Wolfswarte   4 Std.   ● 62
Von Kräutern und Wölfen am Bruchberg

15   Hübichenstein   3–4 Std.   ● 64
Das Korallenriff im Gebirge

16   Alter Dammgraben   4–4.30 Std.● 68
Auftanken am Harzer Wasserregal

17   Sankt Andreasberg   3–4 Std.   ● 72
Zwischen Vulkan und Neptun

18 Oderteich   4 Std. ● 74
Vom Sonnenberg zum Sonnentau

19 Lonau   2–3 Std. ● 76
Auf der Fährte des Auerhahns

20 Scharzfeld   4 Std. ● 78
Heiligtümer unserer Vorfahren

21 Ravensberg   2 Std. ● 82
Lockere Gipfelwanderung für Genießer

Der östliche Harz

22 Königshütte   3 Std. ● 86
Ein Gang zu Hütten und Palästen

23 Mandelholz   2 Std. ● 88
Uraltes Bergwerk unter hundertjährigen Fichten

24 Rübeland   2 Std. ● 92
Silber, Gold und Edelsteine – der Harz hat's in sich

25 Köhlerweg   4 Std. ● 94
Streifzug zwischen Feuer und Wasser

26 Rosstrappe   4 Std. ● 96
So von oben herab

27 Hexentanzplatz   5 Std. ● 100
Den Besen von hinten aufgezäumt

28 Selketal   4 Std. ● 104
Einst klapperten Mühlen am rauschenden Bach

Eine gespenstische Kulisse am Nordrand des Harzes: die Teufelsmauer

Der südliche Harz

29 Benneckenstein   4 Std. ● 110
Wanderbare Loipe nach Sophienhof

30 Dicke Tannen   4–5 Std. ● 112
Erkundung auf vergessenen Pfaden

31 Grünes Band   5–6 Std. ● 116
Wandern im Grenzbereich

32 Itelklippen   3 Std. ● 118
Den Mönchen auf den Fersen

33 Steinmühlental   3 Std. ● 122
Kultplatz aus dem Atlantischen Zeitalter?

34 Netzkater   4–5 Std. ● 124
Wie der Kater ins Netz ging

35 Josephskreuz   4 Std. ● 128
Lieder und Diamanten am Wegesrand

36 Questenberg   1.30–2 Std. ● 130
Unter Wodans Kappe

37 Kyffhäuser   2–2.30 Std. ● 134
Eine Tour zwischen gestern und vorgestern

38 Barbarossahöhle   3 Std. ● 138
Bei des Kaisers Bart

Register   141

Impressum   144

Vorwort

Natürlich hatte es geregnet, natürlich war die Kälte unter die Haut gekrochen, als wir das erste Mal gemeinsam den Harz besuchten. Das ist im Harz nicht ungewöhnlich, aber wir waren mit dem Motorrad unterwegs und die Regenkombis waren zu Hause geblieben. Unserer ersten Begeisterung für dieses Gebirge hat das keinen Abbruch getan. Wieder und wieder lockte uns der Harz, mal nur en passant, mal für zwei, drei Tage.

Aus der Begeisterung wurde Liebe, nachdem wir unsere Zelte nur ein paar Dutzend Kilometer südlich vom Harz aufgeschlagen hatten. Jetzt hielt uns nichts mehr und so oft es möglich war, stromerten wir durch dicken Tann, bestaunten verträumte Bachtäler, bewunderten irre Felskunstwerke, entdeckten uns unbekannte Wildkräuter und -blumen, wanderten, erkundeten per Mountainbike und fotografierten. Unsere Neugierde wuchs ins Grenzenlose – da muss es doch noch mehr geben! Mit der Zeit entwickelten wir bestimmte Vorlieben für Orte, für Wanderungen und Plätze, die wir immer wieder aufsuchten. Sie wurden sozusagen zu unseren persönlichen Kraftorten, an denen wir Energie für den Alltag auftanken konnten. Auf die Idee, diese Plätze in Verbindung mit uralten Mythen zu bringen, sind wir anfangs gar nicht gekommen.

Das änderte sich, als der Bruckmann-Verlag mit dem Vorschlag an uns herantrat, einen Wanderführer zum Harz zu verfassen. Wir fühlten uns gut gerüstet und haben uns begeistert auf die Arbeit gestürzt. Noch ahnten wir nicht, wie viel uns der Harz noch vorenthalten hatte. Wir steckten die Nasen in alle Richtungen, Höhen und Tiefen des Gebirges, entdeckten alte Pfade, die schon lange kein Fuß mehr betreten hatte, spürten intensiv den Mythen und über Jahrhunderte überlieferten Sagen auf, erkundeten Fauna und Flora und bestimmten manchmal mühsam die unscheinbarsten oder prächtigsten Pflanzen am Wegesrand, stießen immer wieder auf neue Orte, die uns innehalten und staunen ließen.

Nun ergibt sich die Chance, Sie an unseren persönlichen Erfahrungen und Erlebnissen teilhaben zu lassen. Heften Sie sich an unsere Fersen. Folgen Sie uns auf unseren Lieblingswegen. Schöpfen auch Sie Kraft und bauen Sie neue Energie auf an unseren geheimen und ganz persönlichen Kraftorten. Streifen Sie mit uns über Höhen, wo man die Wolken berühren kann. Tauchen Sie ein in Täler, die Kummer und Sorge verstummen lassen.

Geholfen haben uns bei den Recherchen viele Leute, wie überhaupt der Kontakt zu den Menschen im Harz fröhlich und unkompliziert war. Wir lernten im wahrsten Sinne des Wortes sagenhafte Harzer kennen, freundlich, hilfsbereit und zuverlässig; die freie Natur stärkt wohl das gemeinschaftliche Erleben und Empfinden, den Zusammenhalt. Besonders bedanken möchten wir uns für die geleistete Unterstützung bei Revierförster Rudi Eichler in Lonau, bei Dr. Hans-Ulrich Kison vom Nationalpark Harz für die Beratung, wenn das Bestimmen von Pflanzen uns unlösbare Rätsel auftrug, und bei Carola Boxterman, der Wirtin vom Hirschbrunnen in Elbingerode, für ihre klasse Tipps und den höllischen Hexeneintopf zum leiblichen Wiederaufbau nach langen Wanderungen!

Anne Christine Martin & Stefan Feldhoff

**Wild, dennoch anmutig und zart –
Frühling in der Steinernen Renne**

Einleitung

Ein wenig Geografie und Geologie Als einsamer Solitär liegt der Harz, das nördlichste Mittelgebirge Deutschlands, weit vorgeschoben im flachen Land an der Grenze zwischen Niedersachsen, Sachsen-Anhalt und Thüringen. Selbst wenn man auf seinem höchsten Gipfel, dem Brocken, steht, erblickt man auch bei bester Sicht keinen anderen Tausender weit und breit. Nicht nur das flache Vorland lässt den 110 Kilometer langen und etwa 40 Kilometer breiten Harz als hohes, wildes Gebirge erscheinen; sein Klima ist ab einer Höhe von etwa 900 Metern wirklich ungewöhnlich, Baumwuchs und Wetter erinnern an alpine Regionen.

Die Entstehung des Harzes begann zeitgleich mit anderen Mittelgebirgen vor 350 bis 250 Millionen Jahren. Seit der Kreidezeit vor rund 100 Millionen Jahren hob aufsteigendes Magma den Harz in die Höhe – so entstanden die ausgedehnten Hochflächen mit den scharf eingeschnittenen Tälern wie das Okertal und das Bodetal. Besonders markant ist die Harznordrandverwerfung, bei der die Erdplatten mauerartig aufgestellt wurden (siehe Tour 1: Teufelsmauer). Durch Erosion bildeten sich die für den Harz typischen, markanten Klippen und Felsen.

Ursprung der Mythen und Sagen Schon früh siedelten Menschen in der Region um den Harz. Speerfunde im niedersächsischen Schöningen und die Ausgrabungen bei Bilzingsleben in Nordthüringen bezeugen die dauerhafte Anwesenheit von Urmenschen (Homo erectus); erst viel später trat der Neandertaler auf. Der Harz selbst aber war bis zum Ende des ersten Jahrtausends unserer Zeitrechnung weitgehend siedlungsfrei. Zahlreiche Funde aus der Eiszeit und Steinzeit bis zur jüngeren Bronzezeit belegen, dass unsere Vorfahren in den Randlagen des Harzes geeignete Lebensverhältnisse vorfanden. Viele dieser Plätze werden als Kultplätze frühmenschlicher Kulturen und spiritueller Erhebung interpretiert. Besonders die wie Gesichter geformten Klippen und Felsgruppen wie der Alte Mann vom Berg, der Mönch oder die Formationen des Steinmühlentals regen die Fantasie an und laden zu interessanten Spekulationen ein. Allerdings ist unser Wissen über die vorgermanische Bevölkerung und ihre Kultur ausschließlich auf archäologische Funde angewiesen, so können wir nur indirekt auf die Kulte der damaligen Zeit schließen.

Germanische Mythologie Besser wird die Forschungslage mit dem Erscheinen der Germanen; über sie gibt es Berichte aus römischer Zeit, etwa von Tacitus, sowie spätere Beschreibungen christlicher Autoren, die aber oft vom Gedanken der Missionierung getragen wurden. Dennoch entsteht ein zwar nicht einheitliches, so doch deutliches Bild der germanischen Mythologie, die beileibe nicht nur die Göttergeschlechter der Asen und Vanen kannte. Beinahe noch größere Bedeutung besaßen die Riesen; daneben gab es auch Zwerge und Alben, die magiekundigen Disen, die heroischen Walküren und die seherischen Nornen. Oft war die Verehrung der Götter und Dämonen lokal sehr verschieden, nicht selten einfach jedem Einzelnen überlassen.

Die Mythen und Sagen des Harzes spiegeln die Zeit der Christianisierung wider. Das war keineswegs ein einheitlicher Vorgang: Während sich in Thü-

Internetadressen

- www.nationalpark-harz.de
- www.harzregion.de
  Gemeinsamer Internetauftritt der Naturparke Harz in Niedersachsen und Sachsen-Anhalt
- www.naturpark-suedharz.de
- www.gpswandern.de
  Kostenloser Routenplaner
- https://www.mystic-culture.de/kultplatz/harz/kult-platz-harz.html
- www.burgen.ausflugsziele-harz.de/
  Burgen und Schlösser des Harzer Landes
- www.zauber-pflanzen.de
  ABC der Heilpflanzen

Sattes Grün, blaue Berge, sommerliche Wanderung auf dem Butterstieg

ringen schon 532 durch den Sieg der Merowinger über das Thüringer Königreich das Christentum etablierte, waren die Sachsen nördlich des Harzes bis in die Zeit Karls des Großen heidnisch und mussten blutig mit dem Schwert bekehrt werden. Auch bedeutete die Unterwerfung keineswegs, dass nun alle auf ihre alten Götter verzichtet hätten. Die Annahme des Christentums war ein politischer Akt, eine Unterwerfung, die in erster Linie die führenden Häupter der Stämme vollzogen.

Andererseits hatte das Christentum für die heidnischen Germanen durchaus Anziehungskraft, bot es doch mit dem Glauben an ein Leben nach dem Tod und die Wiederauferstehung eine verheißungsvolle Hoffnung, die der germanischen Mythologie fehlte. Zwar gab es die Walhalla, die Halle der gefallenen Krieger, so die wörtliche Übersetzung; sie war aber eher eine Ruhmeshalle denn ein Himmelreich.

So kam es, dass sich Heidentum und Christentum munter miteinander vermischten. Sonnenwendfeiern wurden zu christlichen Feiertagen gewandelt (siehe Tour 36: Questenberg) und unmerklich war aus einer heidnischen Zauberformel ein christlicher Segensspruch geworden. Noch heute leben wir mit vielen Relikten aus heidnischer Zeit, wir wissen es bloß nicht.

Frühdunst und farbige Laubpracht – geheimnisvolle Zeit im Herbst

Frauen und Hexen Ohne Zweifel jedoch wurden die alten Götter verteufelt, die Göttinnen zu Hexen erklärt. Die Darstellung der Frauen in den Sagen weist auf schwere Schicksale in dieser Zeit hin. Die Rosstrappen-Sagen, die Geschichte vom Mägdesprung und andere Erzählungen berichten von Nachstellungen und versuchter Vergewaltigung (siehe die Touren 26: Rosstrappe und 28: Selketal). Besonders eindrücklich schildert die Hexenbrunnensage die Situation der Frau im Harz in früheren Zeiten:

Hulda, eine Köhlertochter, lebte bei ihren Eltern in der Nähe der Zeterklippen. Sie verliebte sich in einen jungen Mann, der sich in den tückischen Mooren des Brockens verirrt hatte. Die beiden wollten heiraten, der Jüngling aber war der Sohn reicher Eltern aus Ilsenburg, die die Vermählung mit einer armen Köhlertochter zu verhindern suchten. Sie beschuldigten die kräuterkundige Hulda, die dazu noch den Namen einer germanischen Göttin trug, der Hexerei. Die Richter bemühten ein Gottesgericht, Hulda wurde auf dem wasserlosen Brockengipfel ausgesetzt. Wenn sie nicht innerhalb von drei Tagen Wasser finden würde, sollte sie als Hexe verbrannt werden. Hulda tat das einzig Richtige: Sie betete zu allen Heiligen und zum Gottessohn, stieß am dritten Tag auf eine Quelle und wurde freigesprochen. Die Quelle aber wurde Hexenbrunnen genannt.

Heute sind Harzhexen als niedliche Puppen ein beliebtes Souvenir; die Walpurgisnacht wird in vielen Harzorten mit großem Aufwand, Märkten, Umzügen und Rockmusik gefeiert. So lustig war das früher nicht. Schon Karl der Große stellte 782 in der Kapitulationsurkunde für die Sachsen Hexerei und Zauberei in besonders schweren Fällen unter Todesstrafe. Zu einem richtigen Wahn wuchs sich die Hexenverfolgung jedoch erst zu Beginn der Neuzeit aus. Während mancherorts bereits die Fahne der Aufklärung gehisst wurde, loderten hier noch die Scheiterhaufen.

Zu den Hexen zählten auch die Kräuterfrauen, die sich, wie Hulda aus der Sage, mit Heilpflanzen auskannten und arme Leute medizinisch betreuten … nicht immer zur Freude der Ärzte (siehe Tour 23: Mandelholz).

Hexenkraut und Auerhuhn Im Harz findet man das Große Hexenkraut (Circaea lutetiana) und zahlreiche andere Wildkräuter und -blumen. Die Harzer Wappenpflanze, die Brockenanemone, ist eine seltene Schönheit, die eigentlich, wie der wissenschaftliche Name Pulsatilla alpina andeutet, nur in alpinen Regionen zu finden ist. Im Jahr 2011 entdeckten Botaniker des Nationalparks zwei schon als ausgestorben geglaubte Pflanzen: eine arktischalpine Nabelflechte und ein Torfmoos. Sehr gute Einblicke über Heilpflanzen und Wildkräuter erhält man natürlich im Brockengarten auf dem Brockengipfel (siehe Tour 10: Brocken), aber auch in Klostergärten (siehe Tour 2: Volkmarskeller) sowie im Kräuterpark Altenau (siehe Tour 14: Wolfswarte). Wer sich selber auf die Suche machen möchte und bereits über Vorkenntnisse verfügt, sei auf die Broschüre *Harzer Pflanzenwelt erleben* hingewiesen, herausgegeben vom Regionalverband Harz.

Von der Ebene bis zu einer Höhe von etwa 700 Metern wächst natürlicherweise Buchenwald, es folgt eine Mischzone, in höheren Lagen dominiert die Fichte. Die ursprüngliche Harzfichte hat sich an das raue Klima und den hohen Standort angepasst, sie ist auffallend schmal und schlank – so rutscht der Schnee von den Zweigen. Sie trotzt Windbruch, Fäulnis, Schadstoffen und dem gefürchteten Borkenkäfer. Heute dominiert im Harz auf weiter Fläche monotoner Nutzwald. Durch den hohen Bedarf an Holz im mittelalterli-

Ort der Kraft: die Grenzklippen am Hohnekamm

chen Bergbau (siehe die Touren 23: Mandelholz und 25: Köhlerweg) waren die Harzwälder weitgehend vernichtet. Im 18. und 19. Jahrhundert begannen verantwortungsvolle Förster mit der Wiederaufforstung (siehe Tour 26: Rosstrappe). Heute ersetzt man die schlagreifen Fichtenforste durch gesunden Mischwald, in dem auch Ebereschen, Buchen, Ahorn und sogar die seltene Elsbeere wachsen.

Diese Veränderungen beeinflussen natürlich auch die Tierwelt. Wolf, Luchs und Auerhuhn waren seit Jahrzehnten, wenn nicht gar Jahrhunderten, so gut wie ausgestorben. Bei Luchs und Auerhuhn ist eine Wiederansiedlung gelungen, wenn auch in begrenztem Rahmen (siehe die Touren 5: Rabenklippe und 19: Lonau).

Silber und Edelstein Der Bergbau begann im 10. Jahrhundert mit dem Abbau von Silber in Rammelsberg bei Goslar. In der Folge entstanden immer mehr Bergwerke und Siedlungen direkt im Gebirge. Gefördert wurden Eisen, Blei, Zink, Kupfer und wertvolle Mineralien wie Blutstein (siehe Tour 24: Rübeland). Mit der Errichtung eines ausgeklügelten Wassersystems, dem Wasserregal, wurde der Bergbau seit dem 16. Jahrhundert modernisiert und die Energieversorgung für die Erzförderung unabhängiger gemacht (siehe Tour 16: Alter Dammgraben). Das Bergwerk Rammelsberg und das Harzer Wasserregal gehören zum Weltkulturerbe der UNESCO.

Wandern Unberührt erscheint uns der Harz, doch hat der Mensch von der Wildnis Besitz ergriffen und sie sich zunutze gemacht. So schön und erhebend eine Harzwanderung sein kann, befinden wir uns immer in der Nähe der Zivilisation. Man kann sich im Harz auf einer Wanderung sehr wohl verlaufen, aber kaum in der Wildnis verirren. Es mangelt auch nicht an Wegweisern, ganz im Gegenteil, es gibt inzwischen so viele, dass man kaum weiß, an welchen man sich orientieren soll. Der gleiche Weg ist zwei-, dreifach oder noch öfter markiert, nur an der entscheidenden Weggabelung sucht man manchmal vergeblich nach einem Hinweis. Zu den Markierungen des Harzclubs kommen die lokalen Wanderwege, dann die großen Themenwanderungen, die über eine lange Strecke quer und längs über den Harz verlaufen. Wir folgen nur selten diesen Themenwanderungen; unser Hauptinteresse gilt den einsamen und weniger bekannten Wegen und Pfaden zu den schönsten und geheimnisvollsten Kraftorten.

Gleich, ob wir eine kurze oder lange Strecke wandern, über hohe Berge oder tiefe Täler – die Eigenheiten des Harzes darf man nie außer Acht lassen (siehe Seite 51: Harzwetter). Heftige Wetterumschwünge sorgen für unliebsame Überraschungen; auch bei sonnigem Wetter sollte man den Regenschutz nie zu Hause lassen. Die zahlreichen Schutzhütten am Wegesrand sind keineswegs nur hübsche Rastplätze. Das weiß jeder, der sich einmal unter ihrem Dach vor plötzlich fauchenden Orkanböen, Gewitter und Platzregen in Sicherheit bringen konnte. Nebel treten im Harz häufig auf und erschweren die Orientierung.

Auch der Winter vermag den Wanderer nicht aus dem Harz zu vertreiben, denn viele schöne Wege werden zumindest zeitweise vom Schnee freigehalten. Winterwanderungen (siehe die Touren 7: Achtermannshöhe und 29: Benneckenstein) sind ein ganz besonders intensives Naturerlebnis. Wetter und Wälder, Wasserläufe, wilde Kräuter, uralte Baumriesen und eigentümliche Felslandschaften machen uns frei und schärfen unsere Sinne für die wirklich wichtigen Dinge im Leben.

Unsere Lieblingstouren

- Über die wilde Steinerne Renne zu den Wodansklippen und zum Ottofelsen, Tour 3
- Der Hohnekamm ermöglicht uns einen Blick auf den Anfang der Erde, Tour 11
- Auf dem Bruchberg heulten einst die Wölfe, Tour 14
- Durch den Harzer Grand Canyon zum berühmten Hexentanzplatz, Tour 27
- Karstwanderung zur geheimnisvollen Queste, wo man die Sonnenwende feiert, Tour 36

**Von kühler Schönheit –
tief verschneite Wälder, Täler, Berge**

Eine Felsformation der Teufelsmauer:
das Hamburger Wappen

Der Nordharz

1

Teufelsmauer

Auf einen Ritt von Ballenstedt nach Blankenburg

●	🏃 km	🕐	⛰
schwer	26 km	6–8 Std.	↑352 Hm ↓324 Hm

• **Tourencharakter**
Mit 26 km recht lange Wanderung durch das offene Harzvorland, plus Abstecher zum Königstein sind es sogar 37 km; das letzte Stück von Timmenrode nach Blankenburg erfordert festes Schuhwerk und Schwindelfreiheit; der Teufelsmauerstieg kann auch sehr gut in Abschnitten erkundet werden

• **Orientierung**
Einfach, da neu gekennzeichnet, in den Ortschaften aber leider nicht immer eindeutig; der ausgewiesene Teufelsmauerstieg führt nicht über den Königstein (Liegendes Kamel) bei Westerhausen; dazu von Warnstedt nach Westerhausen laufen und auf gleicher Strecke zurück, eventuell in Warnstedt übernachten

• **Höchster Punkt**
Großvater, 319 m

• **Ausgangspunkt**
Die Gegensteine sind von der Einmündung der B185 auf die Straße von Ballenstedt nach Thale ausgeschildert

• **Anfahrt mit Bahn & Bus**
Eine Busverbindung gibt es nur zwischen Ballenstedt und Thale; www.hvb-harz.de/

• **Gehzeiten**
Teufelsmauerstieg insgesamt 6–8 Std.; Abstecher nach Westerhausen zusätzlich 3 Std.

• **Karte**
KOMPASS WK 450
Harz (2 Karten)
Maßstab 1:50 000
ISBN 978-3-85026-112-8
www.kompass.de

Am Nordrand des Harzes verläuft eine auffällige geologische Formation: Auf einer schnurgeraden Linie zwischen Ballenstedt und Blankenburg taucht eine Folge mauergleicher Felsen aus der flachen Ebene auf. So gewaltige, aneinandergereihte Gesteinsblöcke können doch nur vom Teufel persönlich stammen – daher der Name Teufelsmauer. Auf einen Ritt erkunden beherzte Wanderer auf dem neuen Teufelsmauerstieg diese imposanten Felsgebilde.

Erdgeschichtliche Monumente werden gerne mit dem Teufel in Verbindung gebracht. Legenden berichten, wie gewitzte Menschen, sei es der einfache Handwerksbursche oder ein frommer Bischof, den Teufel foppen, der daraufhin wutentbrannt Felsen in die Landschaft schleudert. Im Fall der Teufelsmauer war es eine Bauersfrau, die in einer mondlosen Nacht zum Markt nach Quedlinburg schritt, in ihrer Kiepe ein Hahn, den sie verkaufen wollte. Ausgerechnet in dieser Nacht hatte der Teufel beschlossen, die Welt in zwei Reiche zu teilen. Denn: Immer mehr Kirchen und Klöster wurden rund um den Blocksberg (Brocken), sein angestammtes Reich, errichtet und verdrängten die heidnischen Opferstätten. Um dem entgegenzuwirken, musste er in einer einzigen Nacht eine gewaltige Steinmauer errichten, die bis zum Himmel reichen sollte. Er flog gerade mit seinem letzten Felsquader durch die Lüfte, als die Bauersfrau in der Dunkelheit stolperte und der Hahn zu krähen begann. Zu früh verkündete sein Kikeriki den neuen Morgen, das Werk des Teufels ward nicht vollbracht. Den letzten Felsbrocken schleuderte er voller Zorn auf sein Mauerwerk, das in sich zusammenfiel.

Wissenschaftlich betrachtet handelt es sich um eine geologische Störung. Während der Hebung des Harzes wurden vor 65 Millionen Jahren ältere, horizontal liegende Steinschichten gekippt und steil aufgestellt, die sogenannte Harznordrandstörung. Das Gestein der Teufelsmauer ist etwa 83 Millionen Jahre alt. Ob nun diabolisch oder wissenschaftlich, diese Mauer hat die Menschen seit jeher fasziniert, ein Ort alter Sagen und heimlicher Kulte, aber auch ein Stück Natur, in dem sich selten gewordene Pflanzen und Tiere zu Hause fühlen. Seit Kurzem verbindet ein Wanderweg, der Teufelsmauerstieg, die verschiedenen Teile dieser geologischen Formation miteinander.

Mystische Felsen Mit neuen Schildern gut ausgewiesen beginnt die Wanderung an den ❶ Gegensteinen, nördlich von Ballenstedt. Beide sich gegenüberstehenden Steine wirken tatsächlich wie eine Mauer ... ein tiefschwarzes Zyklopenwerk, besonders der 244 Meter hohe Große Gegenstein. Durch einen schulterengen Spalt in der Felswand führt himmelwärts eine

Der Uhu, König der Nacht genannt, hat in den imposanten Felsen der Teufelsmauer sein Revier.

Letztes Sonnenlicht verzaubert die Gestalten aus Sandstein – die Teufelsmauer bei Neinstedt.

Sonnenscheiben

Mythologisch interessant ist ein Abschnitt der Teufelmauer abseits des Wegs bei ❻ Westerhausen, von Warnstedt aus auch zu Fuß erreichbar. Er wird verwirrenderweise ebenfalls Königstein genannt, manchmal aber auch – seiner Form wegen – Liegendes Kamel. An der Nordseite der 190 Meter hohen Steine befinden sich drei etwa einen Meter große Steinscheiben und zahlreiche Mulden, die von vielen als Zeugnisse einer heidnischen Kultstätte angesehen und deswegen als Sonnenscheiben bezeichnet werden; nüchterne Geologen sehen darin lediglich die Überbleibsel einer ehemaligen Mühlsteinherstellung. Allerdings entdeckt man noch Nachzeichnungen des Sonnenkreises. Ein fast rechteckiger Einschnitt im Fels wird als Visierpunkt zur Ermittlung der Nord-Süd-Richtung interpretiert. Auch soll früher eine Treppe zu einer Plattform auf den Fels geführt haben; der Sinn und Zweck dieser Anlage lässt sich kaum noch ergründen, jedoch vermuteten christliche Geistliche hier eine heidnische Kultstätte. Nicht übersehen sollte man das kleine Denkmal Hungerstein am Wanderweg nördlich des Königsteins; es erinnert an die schwierigen Zeiten der Wirtschaftskrise von 1929 bis 1931.

Stiege zum Gipfelkreuz. Unter den Gegensteinen erstreckt sich ein weitverzweigtes Höhlensystem, das aber nicht mehr zugänglich ist; schwere Eisentüren verschließen den Zugang. Schon in der Bronzezeit siedelten Menschen am Kleinen Gegenstein, man fand einen Bronzehort mit Ringen, Armbändern und Halsketten. Das Gebiet der Gegensteine sowie der gesamten Teufelsmauer ist Naturschutzgebiet. Auf den Trockenwiesen blühen Königskerzen und Natternköpfe, Steinnelken und Wiesenbocksbart, Heidekraut, Blauschwingel und Enziane, im Felsgestein siedeln seltene Flechten.

Durch die Schierberge Von den Gegensteinen führt der Teufelsmauerstieg in westlicher Richtung durch die Schierberge und passiert nach etwa fünf Kilometern kurz vor Rieder den ❷ **Dicken Stein**, ein wuchtiger Felsbrocken, der aus einer eiszeitlichen Endmoräne herausragt. Weiter führt der Teufelsmauerstieg vorbei an ❸ **Gernrode**, einem Ort, der dem Teufel ein Dorn im Auge gewesen sein muss. Die Basilika von Gernrode zählt zu den bedeutendsten romanischen Kirchen Deutschlands und wurde schon in ottonischer Zeit, als der Harz erst christianisiert wurde, errichtet.

Der faszinierendste Abschnitt der Teufelsmauer liegt nun vor uns: Zwischen ❹ **Neinstedt** und ❺ **Warnstedt** erheben sich dreimal nacheinander drohend die Felswände: Besonders imposant der Königsstein, es folgen die Mittelsteine und die schon niedrigeren Papensteine. In den Sandsteinklippen des Königssteins brüten seit jeher Turmfalken, die hier ein natürliches Revier vorfinden. Seit zwei Jahren, wenn sich der Besucherandrang gelegt hat, zeigt sich am Abend sogar ein Uhu-Pärchen; eine Dachsfamilie verlässt ihren Bau und geht auf Nahrungssuche. Auch die Vegetation auf dem kargen, Wärme speichernden Sandboden ist äußerst vielfältig und interessant. Der Königsstein, das zweitälteste Naturschutzgebiet Deutschlands, wurde bereits 1852 als »Gegenstand der Volkssage« und als Natursehenswürdigkeit ausgewiesen und 1935 unter Schutz gestellt.

Bei Timmenrode türmt sich ein besonders markanter Abschnitt der Teufelsmauer auf, ein wüstes Gelände. Die bizarre Formation heißt seiner drei Felsnadeln wegen ❼ **Hamburger Wappen**, trug früher aber die Bezeichnung Drei Nonnen. In den porösen Sandstein gegenüber hat sich eine große Aushöhlung, Donnerhöhle genannt, gewaschen. Hier findet der Wanderer Zuflucht vor Regen und Sturm und kann wie aus einer Loge das Wetterschauspiel vor dieser Naturkulisse bewundern. Am Hamburger Wappen ist die Markierung Teufelsmauerstieg nicht zu entdecken; hier einfach in Richtung Blankenburg bzw. Großvaterfelsen laufen. Der Abschluss dieser langen Wanderung führt über einen felsigen Kammweg bis zum ❽ **Großvater**, mit 317 Metern der höchste Punkt der Teufelsmauer. Diese letzte Felsklippe lässt sich wie der Große Gegenstein zu Beginn unserer Wanderung über Leitern ersteigen. Ein wenig müde nach langem Marsch genießen wir vom Panoramablick die mystische Bergwelt des Harzes, die sich im blauen Dunst des Abends verliert.

Die Silberdistel wächst auf der dünnen Humusschicht zu Füßen der Teufelsmauer, so auch der Natternkopf, die Steinnelke und die Heidelbeere.

Traumkulisse mit Loge – Blick auf das Hamburger Wappen

2

Volkmarskeller

Zu den Ursprüngen des Klosters Michaelstein

leicht   12 km   3 Std.   ↑↓ 340 Hm

• **Tourencharakter**
Leichte Wanderung, im ersten Teil gleichmäßig ansteigend; insgesamt 12 km

• **Orientierung**
Im Aufstieg einfach (Ausschilderung Eggeröder Brunnen), zurück nicht immer eindeutig

• **Höchster Punkt**
Herzogsweg, 492 m

• **Talort**
Blankenburg-Oesig, 255 m

• **Ausgangspunkt**
Parkplatz am Kloster Michaelstein; die Anfahrt zum Kloster ist weiträumig ausgeschildert und leicht zu finden

• **Anfahrt mit Bahn & Bus**
Blankenburg gehört zum Nahverkehrsnetz der Transdev GmbH; www.hex-online.de
Den Blankenburger Ortsteil Oesig erreicht man mit den Buslinien der Harzer Verkehrsbetriebe; www.hvb-harz.de

• **Gehzeiten**
Aufstieg gut 1.30 Std., Abstieg gut 1 Std.; insgesamt knapp 3 Std.

• **Einkehr**
Unterwegs keine;
im Kloster Michaelstein u.a.:
Zum Klosterfischer
Michaelstein 14
38889 Blankenburg
Tel. 03944/35 11 14
www.klosterfischer.de

• **Karten**
Rad- & Wanderkarte »Zum Brocken« (6. Ausgabe), zweiseitige Karte 1:25 000, ISBN 978-3-86973-096-7

Das Kloster Michaelstein, vor den Toren Blankenburgs am Nordhang des Harzes, liegt eingebettet in herrliche Wiesen und dunkle Wälder. Die Abtei wurde 1146 gegründet, während der Bauernkriege aber zerstört und aufgegeben; erhalten geblieben sind aus dieser Zeit das Refektorium und der Kapitelsaal. Seit 1968 wird das Kloster als Konzertspielstätte genutzt und erlebt heute eine neue Blüte als Kulturzentrum und beliebtes Ausflugsziel.

Durch den Klostergrund Die Besucher kommen zahlreich zum ❶ **Kloster Michaelstein**, aber nur wenige stoßen zu den geheimen Ursprüngen der Abtei vor, denn der erste Klosterbau lag ein paar Kilometer talaufwärts, verborgen in den tiefen Wäldern des Harzes. Der Weg dorthin führt am Torhaus des Klosters vorbei in den Wald hinein, ein Schild weist in Richtung Eggeröder Brunnen. Sanft steigt der Weg zum Harz hin an, gesäumt von Kastanien, Hainbuchen und Pappeln. Linker Hand glitzern zwischen bemoosten Baumstämmen die zahlreichen Klosterteiche hindurch. Schon im Mittelalter züchteten die Mönche Süßwasserfische und noch heute bescheren die Teiche reichen Fang.

Die Michaelsquelle Wie künstlich angelegt wirkt der Wasserlauf, der sich durch den Klostergrund schlängelt. Seinen Anfang nimmt der Bach an der

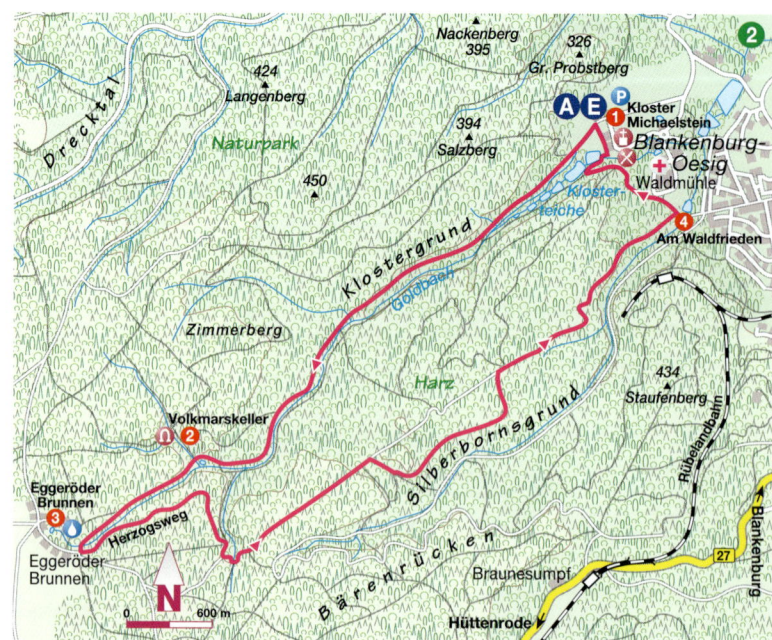

Das Torhaus des
Klosters Michaelstein

Klostergarten

Hinter alten Mauern, sonnig und windgeschützt, erwartet uns der Kräutergarten des Klosters Michaelstein, der früher als Heilmittellieferant und Apotheke eine sehr wichtige Stellung einnahm. Prächtig gedeihen hier Rosen, vor Blattläusen durch stark duftenden Lavendel geschützt, Weinstöcke, Wildkräuter wie Beifuß, Johanniskraut, Kamille und Wilde Malve sowie Duftkräuter, deren starkem Aroma Heilkraft nachgesagt wurde. Heidnische Rituale und antikes Gedankengut rund um das Kräutersammeln blieben über die Jahrhunderte erhalten. So sollen Rosmarin und Thymian die Liebe bringen, und als Zauberpflanzen galten vornehmlich stark riechende und ebenso wirkende Pflanzen wie Knoblauch, Königskerze und Dill. Mit ihrer Hilfe versuchte man Haus und Hof, Mensch und Tier vor Krankheiten und dem Teufel zu schützen.

Michaelsquelle, die wir bald erreicht haben. Die Quelle sprudelt nicht sehr kräftig, doch enthält das Quellwasser gelöste Gase, ist also ein echtes Mineralwasser. Es kann als Heilwasser verwendet werden, etwa zur Behandlung von Osteoporose.

Weiter geht die Wanderung. Wir kosten von wild wachsenden Himbeeren – sie schmecken köstlich und können als wirkungsvolles Heilmittel bei Entzündungen verwendet werden. An lichten Stellen leuchtet das gelb blühende Johanniskraut; altbekannt als Heilpflanze gegen Entzündungen, hilft es aber auch bei Nervosität und Depression. Im Kräutergarten des Klosters finden wir viel Wissenswertes über die wohltuenden Wirkungen der verschiedenen Wildpflanzen und Kräuter.

Die Höhle Der Weg steigt an, der Hang zum Klostergrund wird schroffer und felsiger. Nesselblättrige Glockenblumen, weiß und blau blühend im hohen Gras. Ein Gedenkstein erinnert an sieben Bergleute, die bei Sprengungen in der Nähe ums Leben kamen. Wir erreichen einen kleinen Teich, auf dem sich eine Entenfamilie wohl fühlt. Ein Schild weist nach rechts zum ❷ **Volkmarskeller**, zu dem nach ein paar Schritten eine Stiege hinaufführt. Der Volkmarskeller ist eine schmale Höhle mit zwei Zugängen, die einem frommen Einsiedler namens Volkmar als Klause gedient haben soll. Neben dem Eingang befindet sich eine Aussparung im Fels, wie für ein Sakramentshäuschen oder einen kleinen Altar. Davor die moderne Form eines Altars in Form einer Stempelstelle für Harzwanderer.

Das erste Kloster Volkmars stiller und ernster Lebenswandel wurde zum Vorbild für andere fromme Männer; sie schlossen sich ihm an und errichteten auf einem Felsplateau über der Höhle einen ersten, bescheidenen Klosterbau, der ebenfalls Volkmarskeller genannt wurde. Als Baumaterial diente den Mönchen Marmelstein (Marmor), den sie in der Nähe aus dem Fels brachen. Von diesem Bau hat sich nicht viel erhalten: ein paar Fundamente, ein tiefer Brunnen, eine Türschwelle mit geheimnisvollen Buchstaben, zugemoost und nicht mehr zu entziffern. Ein wahrhaft mythischer Platz, an dem man gerne länger verweilt.

Die alte Bergbausiedlung Wieder zurück am Teich geht es nach rechts weiter zum ❸ **Eggeröder Brunnen**, dem Quellgebiet des Goldbachs. Hier lag im frühen Mittelalter die Bergbausiedlung Egininkisrod, die 956 von Otto dem Großen dem Kloster am Volkmarskeller unterstellt war. Die Verhüttung von Eisen konnte schon für das 9. Jahrhundert archäologisch nachgewiesen werden, der Ort war also ein wertvoller Besitz, der durch einen Wall und Graben gesichert wurde. Schon das erste kleine Kloster war nicht arm.

Herzogsweg Vor Eggenröde zweigt nach links der Herzogsweg ab, dem wir nun folgen, nach etwa einem Kilometer zweimal links und weiter auf dem Bastweg. Wir wandern über eine licht bewaldete Höhe und folgen der Ausschilderung in Richtung Michaelstein (Waldmühle). Der Blick fällt in den Silberbornsgrund, über den Wiesen flattern bläulich schimmernde Schillerfalter. Wir folgen der Höhe, bis ein Schotterweg ins Tal führt. ❹ **Am Waldfrieden** wenden wir uns noch vor den Teichen nach links und gelangen wieder zum ❶ **Kloster Michaelstein**. Hier erwarten drei Restaurants mit Köstlichkeiten aus den klostereigenen Fischteichen den hungrigen Pilger.

Eine Augenweide im Klostergarten:
die Wilden Malven
Linke Seite: Der Klostergarten mit
duftenden Heil- und Gewürzpflanzen,
dazu interessante Informationen

Neben dem Eingang zur Eremiten-
höhle erkennt man deutlich die
Altarnische im Felsgestein.

3

Steinerne Renne

Traumpfad mit tönendem Ambiente

mittel · 10 km · 3.30 Std. · ↑↓ 438 Hm

....

• Tourencharakter
Klassische Wanderroute auf teils
wildromantischen Pfaden; Hinweis-
schilder an der Kleinen Renne, der
Weg führe in eine Sackgasse bzw.
die Brücken wären unbegehbar,
sind irrig. Lediglich bei Nässe ist
der Pfad an manchen Stellen hei-
kel.

• Orientierung
Leicht

• Höchster Punkt
Ottofelsen, 584 m

• Tiefster Punkt
Bahnhof Steinerne Renne, 312 m

• Ausgangspunkt
Bahnstation Steinerne Renne, von
Wernigerode-Hasserode auf der
L100 in Richtung Drei Annen
Hohne; vor dem Ortsende am Floß-
platz rechts halten und 1 km bis
zum Wanderparkplatz

• Anfahrt mit Bahn & Bus
Mit der Harzquerbahn
Nordhausen–Wernigerode;
www.hsb-wr.de

• Gehzeiten
Bahnstation Steinerne Renne–
Gasthaus Steinerne Renne über
den Kleinen Renneweg ca. 1 Std.,
Waldgasthaus–Ottofelsen, hin und
zurück je 45 Min., Waldgasthaus–Bahnstation 1 Std.;
insgesamt 3.30 Std.

• Einkehr/Übernachtung
Waldgasthaus Steinerne Renne
Steinerne Renne 67
38855 Wernigerode
Tel. 03943/60 75 33
www.steinerne-renne.de

• Karte
Rad- & Wanderkarte »Zum Brocken« (6. Ausgabe), zweiseitige
Karte 1:25 000, ISBN 978-3-
86973-096-7

Stillen Pfaden folgen, Einsamkeit spüren, einfach für kurze Zeit dem
Trubel des Alltags entfliehen, sich ausklinken, Gedanken nachhängen,
den Duft des feuchten Waldes wahrnehmen, erstaunt dem vielstim-
migen Vogelgesang und den uralten Geschichten der Steine lauschen,
um dann wieder in einer Gaststätte oder auf einem Fels sitzend mit anderen Wanderern zu plaudern.

Kein Mensch weiß, wo Hasserode liegt, und doch kennen alle den Namen.
Klar, das ist das gute Harzer Bier mit dem Auerhahn auf dem Etikett und es
wird in dem gleichnamigen Wernigeroder Ortsteil gebraut. Genauer: wurde
gebraut, denn inzwischen residiert das neue Brauhaus andernorts. Somit besteht auch keine Gefahr, schon vor der Wanderung bei einer Brauereibesich-
tigung zu versacken.
Durch Hasserode fließt die Holtemme, ein 47 Kilometer langer Nebenfluss
der Bode. Der Namen leitet sich aus »Holtz Emme« ab, was so viel bedeutet
wie Wasser aus dem Holz, also aus dem Harz. Tatsächlich entspringt die Holtemme in 860 Meter Höhe oben am Renneckenberg und eilt über viele Fels-
stufen zu Tale. Dieser wilde Oberlauf wurde Steinerne Renne getauft. Unsere
Wanderung beginnt am kleinen ❶ **Bahnhof Steinerne Renne** der Harzquerbahn, der außerhalb von Hasserode im Wald liegt. Vom Parkplatz überqueren wir zuerst die Bahngleise und laufen an der Bahnstation und einem

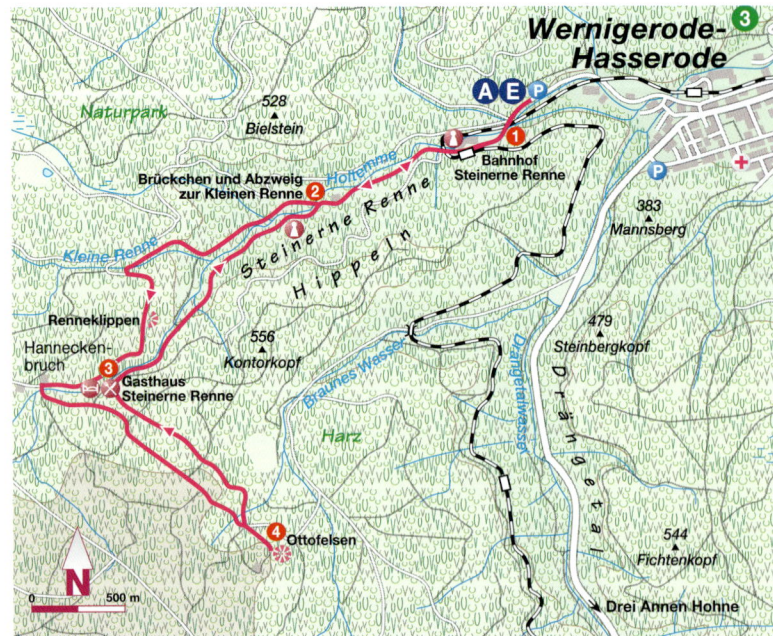

Fabrikgebäude vorbei. Nach wenigen Schritten erreichen wir das historische Wasserwerk Steinerne Renne, schon 1899 erbaut und noch heute in Betrieb. Das Wasser der Holtemme wird durch das Kraftwerk geleitet, ein architektonisch bemerkenswertes Industriebauwerk. Vom Besucherpodest können wir einen Blick in die aufgeräumte Turbinenhalle werfen.

Gegenüber des Wasserwerks mahnt eine Informationstafel an einen dunklen Abschnitt in der deutschen Geschichte: Auf dem angrenzenden Gelände des Granit-und Schotterwerks montierten während des Zweiten Weltkriegs ausländische Zwangsarbeiter und KZ-Häftlinge Flugzeugtriebwerke. Einen Tag vor der Befreiung des Lagers durch amerikanische Truppen trieb man die Gefangenen auf einen der berüchtigten Todesmärsche.

Traumpfade im Harz Nach diesem nachdenklich machenden Einstieg folgen wir dem Lauf der Steinernen Renne auf breitem Pfad flussaufwärts. Schon einen Kilometer weiter führt ein ❷ **Brückchen** über den Fluss; hier zweigt der Kleine Renneweg ab, der einsam und nur vom Rauschen des Wassers begleitet bergan führt. Die imposanteren Gesteinsstufen der Steinernen Renne heben wir uns für den Rückweg auf. Die Kleine Renne bildet geheimnisvolle Becken mit bräunlich schimmerndem, aber klarem Wasser und weiter oben einen hohen Wasserfall – besonders an grauen, nebelverhangenen Tagen ein einzigartiges Erlebnis. Wir steigen weiter durch ein eng eingeschnittenes Tal und durch einen wilden Märchenwald, bis wir, recht unvermittelt, auf einen breiten Forstweg, die Bielsteinchaussee, stoßen. Der Fahrweg führt links zum ❸ **Gasthaus Steinerne Renne** und wird von den rätselhaften Renneklippen überragt, die man vom Weg aus gar nicht richtig wahrnimmt. Sie werden auch Wodansklippen genannt, warum, bleibt unklar; nicht alle Geheimnisse gibt der Harz ohne Weiteres preis. Eine Besteigung ist über einen kaum sichtbaren Pfad vom Gasthaus aus möglich. Er führt durch einen Hochwald und über eine Blockhalde. Schwere Granitblöcken sind zu erklimmen, bevor man das schmale Aussichtsplateau hoch über der Steilwand erreicht. Nicht einfach zu meistern und nur geübten Kletterern zu empfehlen.

Fliegenpilz

Hübsch und gefürchtet: Wodans Pferd Sleipnir war ebenso streitlustig wie sein Herr und Meister; aus seinen erregten Nüstern troff Speichel auf die Erde und Fliegenpilze wuchsen an jenen Orten. So dachten die Germanen und sie wussten, dass der Genuss des Fliegenpilzes (Amanita Muscaria) die Aggressivität steigert. Die Berserker aßen die Pilze vor der Schlacht – noch heute sprechen wir von Berserkerwut. Selbst die Mayas im fernen Amerika rauchten den Fliegenpilz, um zu göttlichen Visionen zu gelangen.

Nebelzauber am Gasthaus über der
Steinernen Renne

Tapfer sein Da wir schon in Hasserode tapfer dem Bierdurst widerstanden haben, setzen wir noch eins drauf und laufen weiter auf der Bielsteinchaussee am Gasthaus vorbei. Ein paar Hundert Meter danach biegt ein Waldweg ab zum ❹ Ottofelsen, einem der bekanntesten Aussichtspunkte des Harzes. Er erhebt sich inmitten eines finsteren Fichtenwaldes und kann über eine 36 Meter lange Treppenleiter bestiegen werden. Eine Mühe, die mit einem Blick zum Brocken und weiter bis nach Wernigerode belohnt wird. Benannt wurde er übrigens nach dem Fürsten Otto zu Stolberg-Wernigerode, einem deutschen Politiker der Kaiserzeit und unter Bismarck Vizekanzler. Schon in der Kaiserzeit sorgten Eisenleitern und Halterungen für einen ungefährlichen Aufstieg, denn Ottofelsen und Steinerne Renne waren im 19. Jahrhundert ein beliebtes Ausflugsziel des aufkommenden Harztourismus.

Gastlichkeit über dem Wasserfall Retour zum ❸ Gasthaus Steinerne Renne bietet sich der schon vertraute Hinweg an oder aber ein schmaler Waldweg, der sich etwas unterhalb durch den Wald windet. Am Lauf der Renne halten wir uns rechts und schon leuchtet die rote Fassade des Gasthauses zwischen den Tannen auf. Sobald wir die kleine Brücke über dem Wasserlauf betreten, wird die abenteuerliche Lage des Gasthauses erkennbar. Es scheint oberhalb eines hohen Felsabhangs, über den die Wasser der Renne abwärts sprudeln, zu schweben. Bei der Schneeschmelze schießen hier gigantische Wassermassen hinab. Jetzt haben wir endlich ein Bier verdient und genießen dazu von der Terrasse des Gasthofs das Naturschauspiel der von Fels zu Fels hüpfenden und springenden Wasser. Frisch gestärkt geht es wieder zurück über die Brücke und nun links am Wasserfall entlang. Eine hübsche Kletterei über feuchte Felsstücke, die selbst bei Sonnenschein rutschig sind. Zur Belohnung öffnen sich immer neue Blickwinkel auf die Steinerne Renne, die nach und nach von ihrem Ungestüm verliert und als braver Waldbach weiterfließt. Schon ist der ❷ Abzweig zur Kleinen Renne erreicht und wir laufen auf bekanntem Pfad zurück zum Ausgangspunkt.

Kraftvoller Urgrund des Waldes: die zauberhafte Becherflechte; auch Moose und Farne siedeln auf abgestorbenem Holz.

4 Ilsetal und Ilsestein

Der Fall Ilse

mittel · **15 km** · **4 Std.** · **↑↓ 783 Hm**

• Tourencharakter
Mittelschwere Rundtour mit Auf- und Abstiegen; die 15 km Länge sind gut zu meistern

• Orientierung
Vom Anfang bis zur Bremerhütte der Ausschilderung in Richtung Brocken bzw. dem Heinrich-Heine-Weg folgen; auch der Schindelstieg und das Gasthaus Plessenburg sowie der Rückweg nach Ilsenburg sind ausgewiesen

• Höchste Erhebung
Wolfsberg, 678 m

• Talort
Ilsenburg, 301 m

• Ausgangspunkt
Parkplatz Ilsetal in Ilsenburg

• Anfahrt mit Bahn & Bus
Ilsenburg, in der Saison auch die Plessenburg, werden von den Buslinien der Harzer Verkehrsbetriebe angefahren; www.hvb-harz.de
Der Bahnhof Ilsenburg liegt an der Fernverkehrsstrecke des Harz-Berlin-Express; www.hex-online.de

• Gehzeiten
Parkplatz–Bremer Hütte 1.45 Std., Bremer Hütte–Plessenburg 1.15 Std., Plessenburg–Parkplatz 1 Std.; insgesamt 4 Std.

• Einkehr
Gasthaus Plessenburg
38871 Ilsenburg
Tel. 03943/60 75 35
www.plessenburg.de

• Karte
KOMPASS WK 450
Harz (2 Karten)
Maßstab 1:50 000
ISBN 978-3-85026-112-8
www.kompass.de

Über den Heinrich-Heine-Wanderweg streben jährlich Tausende von Ilsenburg am nördlichen Harzrand zum Brockengipfel, zweifelsohne eine der beliebtesten und schönsten Touren des Harzes. Wir aber – zum höchsten Berg des Harzes kennen wir andere Pfade – wollen wissen, was es mit dieser Ilse, die Fluss und Tal, Kloster und Stadt und einer geheimnisvollen Burg ihren Namen gab, auf sich hat.

Heines Harzreise ist dank ihres Witzes und Charmes noch heute eine empfehlenswerte Lektüre. Heinrich Heine war zeitlebens ein Freund schöner Frauen und scheute sich nicht Orte, Ereignisse oder Sagen als Huldigung einer Dame zu besingen; so auch seine Wanderung entlang des Flüsschens Ilse. Natürlich kannte er die alte Sage, die mit dem Tal und dem Ilsestein verbunden war: »Man erzählt, im Ilsestein sei ein verwünschtes Schloß, in welchem die reiche Prinzessin Ilse wohnt, die sich jeden Morgen in der Ilse bade und wer so glücklich ist, den rechten Zeitpunkt zu treffen, werde von ihr in den Felsen, wo ihr Schloß sei, geführt und köstlich belohnt.«

In dieser Erzählung steckt mehr Wahres, als man auf den ersten Blick glauben möchte. Wir wissen nicht, ob Heine der Prinzessin persönlich begegnet ist, aber fürstlich belohnt wird auf jeden Fall der Wanderer, der zu früher Morgenstunde ins Ilsetal aufbricht. Die aufgehende Sonne zaubert seltsame Lichtstimmungen in die Baumwipfel und lässt das Wasser des Flüsschens glitzern und gleißen. Die Vögel singen in vielstimmigem Chor, der nicht von Menschen- und Maschinenlärm gestört wird. Geheimnisvoll gluckert die Ilse zwischen ihren Flusskieseln, mit etwas Glück entdeckt man eine Wasseramsel, die im Fluss badet und unter Wasser nach Fliegenlarven sucht. Aber das ist nicht alles; auf eine weitere Bestätigung der Ilsesage stoßen wir im Verlauf unserer Wanderung.

Zu den Ilsefällen Der ausgewiesene Heinrich-Heine-Wanderweg beginnt am ❶ Hotel Ilsestein, ein Kilometer vom Parkplatz Ilsetal; am Zenthierplatz wechseln wir über den Fahrweg aufs andere Ufer. Rasch ist das Große Sandtal erreicht, erneut muss der Fahrweg überquert werden. Das Wasser schießt jetzt steiler bergab, das leise Gluckern verwandelt sich in ein kräftiges Rauschen, die ❷ Ilsefälle kündigen sich an. Vor den Unteren Ilsefälle wechseln wir noch einmal die Flussseite. Nun steigt der schmale Weg steil bergan, er ist feucht und glatt. Die Ilse springt auf einer Strecke von mehreren Hundert Metern von Kaskade zu Kaskade, hüpft über Klippen und Felsen, schäumt über Wurzeln und gebrochene Bäume. Keine Stufe ist gewaltig hoch, aber jede anders und für sich imposant; gleich einer Sinfonie ändert sich mit jeder Stromschnelle die Tonart des herabrauschenden Wassers.

Linke Seite: »… die Ilse ist eine Prinzessin, die lachend den Berg hinabläuft.«

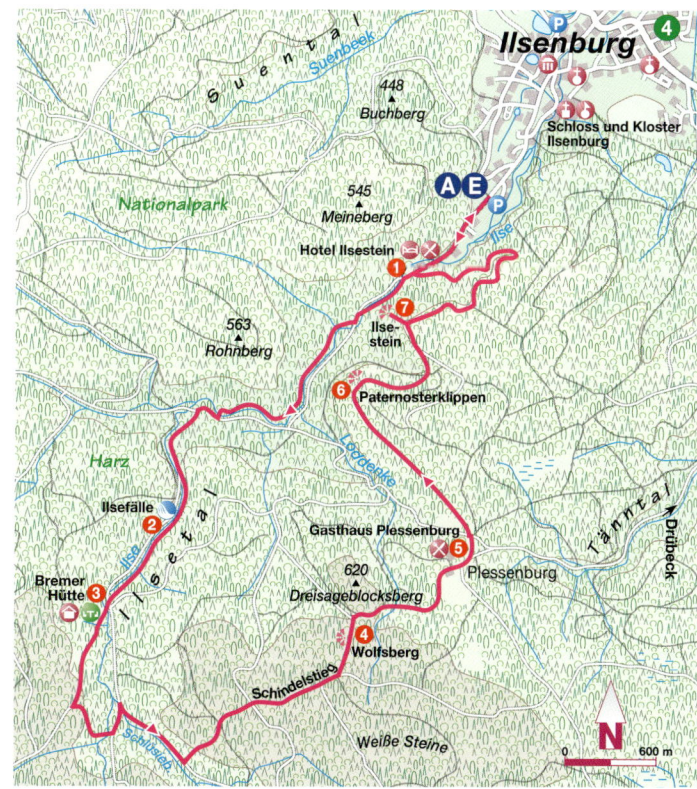

Der Sturm Kyrill Wir steigen weiter am Ufer der Ilse empor, vor uns öffnet sich eine waldfreie Fläche, die der Sturm Kyrill in den Nordhang des Brockens gerissen hat. Kyrill hatte leichtes Spiel, denn der Baumbestand war bereits durch Borkenkäferbefall geschwächt. Um die Käfer zu stoppen, transportierte man die umgestürzten Bäume ab und pflanzte junge Rotbuchen. Andere Baumarten wie die Birke und die Eberesche wachsen von selbst nach. Zum Streitthema Borkenkäfer hat die Nationalparkverwaltung einen Informationskurs angelegt: Der Borkenkäferpfad beginnt am Nationalparkhaus am Ilsenburger Parkplatz. Hinter der Roten Brücke haben die meisten Wanderer nur noch den gut sichtbaren Brockengipfel im Visier. Auch wir folgen vorerst dem Wanderweg Richtung Brocken, der an der ❸ **Bremer Hütte**, kurz hinter der Roten Brücke, halbrechts als schmaler, steiniger Pfad durch einen jungen Fichtenwald ansteigt.

Zurück zur Ilse An der Einmündung auf die Hermanns-Chaussee verabschieden wir uns vom Sänger und Dichter Heine und biegen scharf links ab, um den Fall der Prinzessin Ilse weiter zu verfolgen. Durch einen vom Borkenkäfer gezeichneten lichtgrauen Fichtenwald laufen wir bergab zurück zur Ilse, die im Oberlauf schmal und sanft plätschernd den Wasserfällen zustrebt. Hinter der Brücke schlagen wir links den Weg zurück zu den Ilsefällen ein, aber nur für 200 Meter, dann geht es rechts ins Schlüsiebachtal.

An der Bremerhütte rückt der Brocken ins Blickfeld.

Über den Schindelstieg An der ersten Wegkreuzung folgen wir links dem Schindelstieg in Richtung Forsthaus Plessenburg. Er steigt durch gesunden

Zentrales Wanderziel – das Forsthaus und Gasthaus Plessenburg

Fichtenwald an, vorbei an kleinen Felsgruppen, geprägt von der sogenannten Wollsackverwitterung. Hinterm Ferdinandstein wandelt sich das Bild: Der Blick schweift über kahle Hänge; die Kuppe des ❹ Wolfsbergs wurde vom Sturm nahezu freigefegt. Nur vereinzelt ragen bleiche Baumgerippe aus den Grasflächen empor, ganz unschuldig schweben uns farbenfrohe Tagpfauenaugen voran. Vom Wolfsberg geht es nun abwärts auf 530 Meter Höhe. Hier erwarten uns Gaumenfreuden im gemütlichen ❺ Gasthaus Plessenburg, errichtet im Jahre 1776 als Jagdhaus und nach seinem Bauherren benannt. Genau das Richtige nach der herzhaften Mahlzeit im Gasthaus ist anschließend der bequeme Weg in Richtung Ilsenburg.

Die Burg der Ilse Die nächste Felsattraktion, die ❻ Paternosterklippen mit freiem Blick zum Brockengipfel, erreichen wir rasch, nach weiteren zwei Kilometern folgt schon der ❼ Ilsestein. Aus dem Tal dringt unüberhörbar das Rauschen der Ilse zu uns auf den 473 Meter hohen Fels herauf. Hier wurden tatsächlich die Grundmauern einer Burg entdeckt. Wir wundern uns, wo die Feste auf dem schmalen Felssporn Platz gefunden haben soll. Denn schon Heine stellte fest, dass hier mehr als vier Füße schwerlich Halt gefunden hätten – er wusste noch nichts von den Ausgrabungen. Die Burg Ilsestein, mehr ein Turm mit einem kleinen Schutzwall, errichtete man im Jahre 1033 am Südhang des Berges, der geeignete Platz, um den Zugang zum Ilsetal und das Kloster Ilsenburg wirkungsvoll zu überwachen. Allerdings wurde die Burg Ilsestein bereits im Jahre 1107 auf Veranlassung des Papstes zerstört. Die Schuld schob man – wie könnte es anders sein – dem Walten einer bösen Hexe zu, die auch die Prinzessin Ilse verbannt haben soll.

Zu den Klöstern

Von der Plessenburg bietet sich als Alternative der Abstieg durchs Tänntal nach Drübeck an. Hier empfiehlt sich besonders ein Besuch der romanischen Stiftskirche St. Vitus mit ihrem Klostergarten, der in die fünf abgeschlossenen Bereiche der Stiftsdamen und einen Garten der Äbtissin unterteilt ist. Zurück nach Ilsenburg gelangt man über den Klosterwanderweg (3 km). Das Kloster Ilsenburg blickt auf eine über tausendjährige Geschichte zurück. Zu bestaunen sind die zahlreichen Säulen mit ganz unterschiedlichen Kapitellen im Refektorium, im Dormitorium und im Kapitelsaal.

5 Rabenklippe

Lust auf Pinselohren

leicht   **12 km**   **3–4 Std.**   **↑↓ 816 Hm**

- **Tourencharakter**
Einfache Rundtour auf meist gut ausgebauten, breiten Wegen; auch mit dem Kinderwagen leicht zu bewältigen; von der Rabenklippe kann man auf einem steileren Weg auch direkt zur Säperstelle laufen

- **Orientierung**
Der Weg zur Rabenklippe bzw. zum Luchsgehege ist ausgeschildert und gut zu finden

- **Höchster Punkt**
Rabenklippe, 576 m

- **Talort**
Bad Harzburg, 309 m

- **Ausgangspunkt**
Der große Parkplatz an der vierspurigen B4 am Ortsende von Bad Harzburg in Richtung Braunlage

- **Anfahrt mit Bahn & Bus**
Nach Bad Harzburg mit der Deutschen Bahn, vom Bahnhof zur Talstation der Burgberg-Seilbahn laufen; erreichbar ist das Gehege von April bis Mitte November auch mit dem umweltfreundlichen Erdgas-Bus »Grüner Harzer« (Buslinie 875, 5-mal täglich ab Bahnhof Bad Harzburg); www.rbb-bus.de

- **Gehzeiten**
Parkplatz B4–Rabenklippe 1.30–2 Std., Rabenklippe–Bad Harzburg 1.30–2 Std.; insgesamt 3–4 Std.

- **Einkehr**
Waldgasthaus Rabenklippe
38667 Bad Harzburg
Tel. 05322/28 55
www.rabenklippe.de

- **Karte**
Rad- & Wanderkarte »Zum Brocken« (6. Ausgabe), zweiseitige Karte 1:25 000, ISBN 978-3-86973-096-7

Mythologisch betrachtet – in der Götterlehre der alten Germanen – wird der Luchs der Göttin Freia zugeordnet, deren Wagen er ziehen musste. Da hat es die große Wildkatze im Harz schon besser: Für ausreichenden Lebensraum wird im Luchsgehege gesorgt, sie wird gefüttert, der Nachwuchs umsorgt und zärtlich von Katzen liebenden Menschenaugen gestreichelt.

Das Raubtier Die Hauptattraktion der Rabenklippe sind vier Luchse, die hier im Gehege leben. Seit zwölf Jahren versucht man, die größte europäische Raubkatze im Harz wieder anzusiedeln. Schon vor 200 Jahren war der Luchs in ganz Mitteleuropa ausgestorben – Grund: die intensive Verfolgung durch den Menschen. Inzwischen wurden 24 Katzen mit den auffälligen Büscheln an den Ohren aus dem Gehege in die Freiheit entlassen und sie haben sich eifrig fortgepflanzt. Vorerst sollen keine weiteren Auswilderungen erfolgen, Jäger zählen inzwischen achtzig freilebende Katzen in der Harzregion. Luchse brauchen sehr große Jagdreviere, sodass es im Harz bald zu eng werden könnte. Da sind Verbindungen zu anderen Naturschutzgebieten wie etwa dem Thüringer Wald besonders wichtig (siehe Tour 31: Grünes Band). Die Auswilderung der Luchse im Harz wird wissenschaftlich begleitet und mittels Halsbandsendern kontrolliert. Verluste von Haustieren und Jagdwild (der Luchs ist nun mal ein Raubtier!) werden ersetzt.

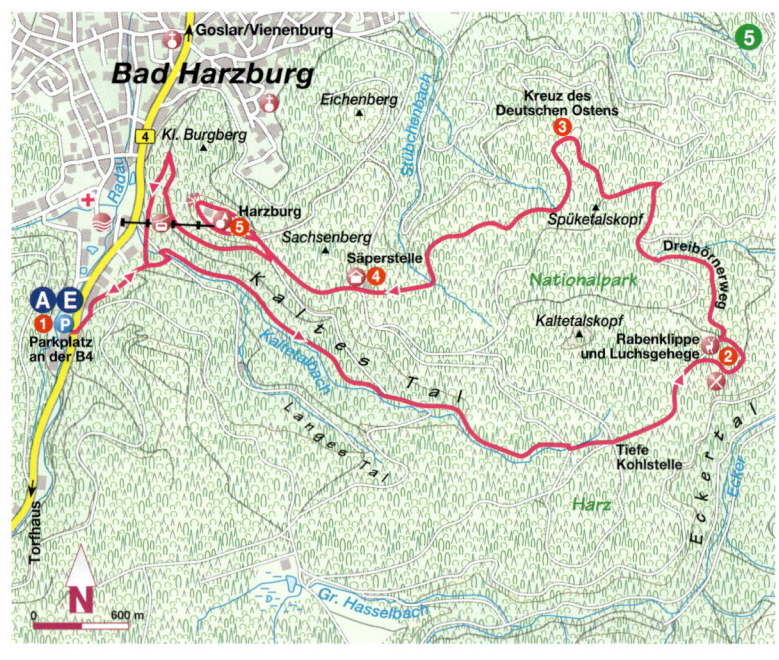

Rabenklippe

Raben gibt es im Harz in recht großer Zahl, sind sie doch in Märchen und Sagen die ständigen Begleiter einer jeden Hexe, die etwas auf sich hält. Auch in der nordischen Mythologie sitzen zwei Raben, Hugin und Munin, auf den Schultern Odins und flüstern ihm zu, was auf der Welt so vor sich geht. Das sollte sich mit der Christianisierung ändern. Ein Nachfolger des Heiligen Bonifatius kam in den Harz, um das Christentum zu predigen, aber man verspottete den Missionar, drohte ihm Gewalt an und er flüchtete in die dunklen Harzwälder. Bald schon verlor er die Orientierung und glaubte, er müsse eines jämmerlichen Hungertodes sterben. Als er zum letzten Gebet niederkniete, erhob sich über ihm lautes Gezänk und Geschrei – es waren die Raben, die sich um ihre Beute stritten. Bei dem Gezeter verlor einer der Raben seinen Fang aus dem Schnabel und dem Mann fiel eine fette Taube in den Schoß. Nun wurde das Schimpfen und Krächzen erst recht laut, doch der fromme Mann war gerettet. Er briet die Taube über einem rasch entfachten Feuer, kam wieder zu Kräften und erreichte bald darauf Harzburg, wo er seine Mission mit neuem Schwung und Erfolg fortsetzte. Den Ort seiner Rettung aber taufte man Rabenklippe, auf der sehr viele Jahre später das Luchsgehege eingerichtet wurde.

Zum Luchsgehege Vom großen ❶ **Parkplatz an der B4** überqueren wir auf einer Fußgängerbrücke die vierspurige Bundesstraße und laufen auf dem unteren Weg zur Kalte-Tal-Straße. Parallel zu dieser Asphaltstraße verläuft ein Wanderweg, vorbei am Schweineteich, steigt an und erreicht nach gut zwei Kilometern, hinter einer Wegkreuzung, den Abzweig in Richtung Luchsgehege. Über die Tiefe Kohlstelle, wo in früherer Zeit aus Buchen- und Fichtenstämmen Holzkohle gewonnen wurde, gelangen wir über den Firstweg zur ❷ **Rabenklippe**. Auf der Terrasse der Waldgaststätte Rabenklippe lassen wir uns ein wenig verwöhnen und genießen den Ausblick.
Für den Rückmarsch wählen wir den rechts vom Gehege abgehenden Dreibörnerweg. Nach bequemen 1,5 Kilometern geht es links zum ❸ **Kreuz des Deutschen Ostens**. 1998 durch einen Sturm zerstört, wurde es im Jahr 2000 erneuert. Über den Kreuzweg erreichen wir den Wegestern ❹ **Säperstelle** mit der Bernhard-Eberling-Hütte. An der Säperstelle, einem alten Begriff für Holzentrindungsplatz, laufen wir auf dem Kaiserweg zur ❺ **Harzburg**, auf dem Heinrich IV. vor der Belagerung der Harzburg durch die Sachsen im Jahr 1073 geflohen sein soll. Von der Feste sind kaum mehr als der alte Pulverturm und der Burgbrunnen erhalten geblieben. Ein schöner Ausblick tröstet uns darüber hinweg. Hinab nach Bad Harzburg und zurück zum Ausgangspunkt gelangen wir über einen steilen Abstieg; mit der Seilbahn ist es natürlich viel bequemer.

Blick vom Hohnekamm
zum Brocken

Rund um
den Brocken

6

Teufelsstieg

Teufelsklauen am Weg zum Brocken

● schwer  26 km 🕐 8–9 Std. ⛰ 998 Hm

● **Tourencharakter**
Anspruchsvolle Brockenbesteigung; ab der Rangerstation Scharfenstein geht es über den Kolonnenweg mühsam und beständig bergauf; das Gipfelerlebnis auf dem Brocken ist bei schönem Wetter eine Wucht, aber das Wetter am Brocken kann blitzartig umschlagen; immer warme Bekleidung und Regenschutz mitnehmen – schließlich muss man ja nicht nur 13 km hoch laufen, sondern möchte auch heil wieder runterkommen

● **Orientierung**
Einfach, drei Ausschilderungen genügen: Eckerstausee, Scharfenstein und Brocken

● **Gipfel**
Brocken, 1141 m

● **Talort**
Radauwasserfall, 451 m

● **Ausgangspunkt**
Der Wanderparkplatz Radauwasserfall an der vierspurigen B4 von Braunlage nach Bad Harzburg

● **Anfahrt mit Bahn & Bus**
Buslinie 875, 5-mal täglich ab Bahnhof Bad Harzburg zum Abzweig Eckertalsperre oder bis Radauwasserfall; www.rbb-bus.de

● **Gehzeiten**
Radauwasserfall–Eckertalsperre 1 Std., Eckertalsperre–Scharfenstein 1.30 Std., Scharfenstein–Brocken 1.30–2 Std.; hin und zurück 8–9 Std.

● **Einkehr**
Imbiss an der Rangerstation Scharfenstein, taglich 10–16 Uhr, Tel. 0160/714 88 27

● **Karte**
Rad- & Wanderkarte »Zum Brocken« (6. Ausgabe), zweiseitige Karte 1:25 000, ISBN 978-3-86973-096-7

Diese teuflische Brockenwanderung durch wilden Wald, entlang am hochgelegenen Ufer des stillen Eckerstausees, dann hinauf zur windumtosten Scharfensteinklippe, weiter zum nebelverhangenen Brockengipfel entpuppt sich trotz beschwerlichen Aufstiegs als eine ebenso ergreifende wie magische Tour. Den Wolken so nah fühlen wir uns wie im Hochgebirge.

Des Teufels Klaue Um die anstrengende Tour nicht zu sehr auszudehnen, starten wir am ❶ **Radauwasserfall** an der Bundesstraße 4 von Bad Harzburg in Richtung Braunlage. Wie so viele Wasserfälle im Harz wurde auch er künstlich angelegt, wirkt aber dennoch ausgesprochen wild. Vom Parkplatz am Radauwasserfall führt eine asphaltierte Privatstraße zum Taternbruch, linker Hand macht das Flüsschen Radau auf sich aufmerksam, nach 500 Metern schwenken wir an einer platzartigen Erweiterung links in den Wald hinein. Der Weg steigt immer steiler werdend durch einen schönen Forst mit alten Buchen, Tannen und Erlen an. Pflanzenfreunde können in diesem Wald eine botanische Rarität entdecken, die passend zur Route den Namen Teufelsklaue (Huperzia selago) trägt – nicht zu verwechseln mit der bekannten Teufelskralle. Sie gehört zur uralten Pflanzengruppe der Bärlappgewächse. Einst wurde die Teufelsklaue als Abführmittel verwendet, ein riskantes Vorgehen, da sie auch giftige Alkaloide wie das Huperzin A enthält, das heute

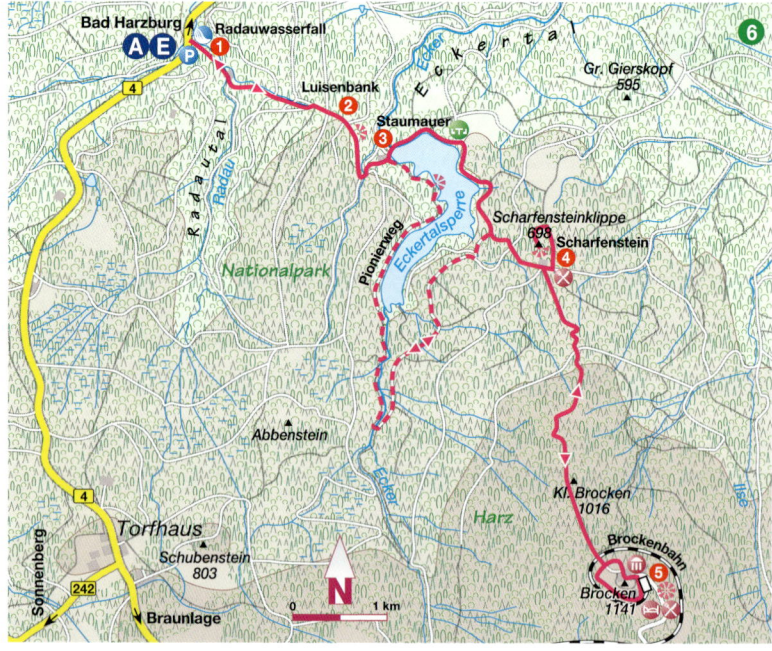

von der Pharmaindustrie zur Behandlung von Alzheimer-Erkrankungen eingesetzt wird. Wir halten uns geradeaus in Richtung Eckerstausee, entlang der Nationalparkgrenze, bis wir zur ❷ **Luisenbank**, einer Schutzhütte, gelangen. Zeit für die erste Rast, um die Sicht auf den Eckerstausee mit seiner mächtigen Staumauer auszukosten. Das Licht des jungen Morgens spiegelt sich gleißend auf der glatten Wasseroberfläche. Dahinter lässt sich, noch vom Nebel verhüllt, der Brocken erahnen.

Der Brocken thront nebelverhangen über dem Eckerstausee.

Der ruhende See An der Luisenbank stoßen wir auf die Ausschilderung Teufelsstieg, der wir uns im Folgenden anvertrauen. Zunächst führt sie uns zur ❸ **Staumauer der Eckertalsperre**, zuvor aber zweigt der Pionier-Wanderweg ab, der den Eckerstausee umrundet, eine schöne und anspruchsvolle Alternative (siehe nebenstehenden Kasten). Die 57 Meter hohe und 235 Meter lange Staumauer wurde 1942 errichtet. Ein Grenzpfahl erinnert daran, dass mitten durch den See und über die Staumauer die innerdeutsche Grenze verlief. Auf der Staumauer selbst stand, wie ein Foto bezeugt, eine kleine, stacheldrahtbewehrte Grenzmauer. Deutsch-deutsche Geschichte.
Weiter geht es am östlichen Seeufer entlang; an der geologischen Infotafel lassen wir uns nieder. Die ersten Heidekrautblüten öffnen sich, zwei schwarze Eichhörnchen tauchen aus dem Wald auf, Lichtflecke wandern über den stillen See, vom Brocken lösen sich die Nebel in einem furiosen Schauspiel – ein Ort, um eins zu sein mit der Natur.
Der Waldweg entlang des Ufers verläuft nun höher über dem Wasser; ungewohnte Ruhe, nur der Wind raschelt durch die Zweige. Dann eine Abbiegung nach links zum Scharfenstein, über Wurzeltreppen steigen wir bergauf, zur rechten eine lichte Bergwiese, auf der eine uralte Esche Hof hält.

Der Gipfelsturm Wir erreichen die Rangerstation des Nationalparks am ❹ **Scharfenstein**. Hier gibt es auch eine kleine Gaststätte, in der man sich für den Gipfelsturm mit Bockwurst und Kaffee rüsten kann. Nette Leute, die

Pionierweg

Diese neu geschaffene Wanderung bietet die Möglichkeit, den Eckerstausee auf einem naturbelassenen und landschaftlich reizvollen Weg zu umrunden. Höhepunkt ist die Durchquerung der Ecker, die nur über große Steine im Flussbett passiert werden kann. Das sollten sich nur geübte und erfahrene Wanderer zumuten, die mit dem richtigen Schuhwerk ausgestattet sind, und auch das nur bei gutem Wetter. Die kleine Ecker kann sich bei Regenfällen oder Tauwetter durchaus in einen reißenden Strom verwandeln. Der Pionier-Wanderweg verlängert die Route um vier Kilometer, ist aber gut ausgeschildert und für Naturfreunde durchaus zu empfehlen.

Heftig stürmt der Wind über den
Scharfenstein zum Brocken.

auch mal mit einem Pflaster für wunde Fersen aushelfen. Denn wer auf den ❺ Brocken will, muss hart sein und Beton unter den Füßen verkraften können. Die letzten vier Kilometer verlaufen über einen Kolonnenweg, das ist nicht jedermanns Sache. Außerdem sind auf der kurzen Strecke 500 Höhenmeter zu überwinden – ganz schön heftig! Durch dichten Fichtenwald geht es bis zur Baumgrenze, dann über den Kleinen Brocken (1016 m) und den freien, sturmumbrausten Hang bis zum Gipfelplateau. Zum Pflichtprogramm für Teufelsstiegwanderer gehören der Besuch von Teufelskanzel und Hexenaltar, wo in der Walpurgisnacht die Hexen mit ihren Reisigbesen die letzten Schneereste vom Blocksberg, dem Brocken, fegen und ein wildes Fest mit dem Teufel feiern.

Die lässige Variante Wer sich die Sache mit den Hexen und dem Brocken nochmals durch den Kopf gehen lassen möchte und auf die Brockenbesteigung verzichtet, sollte unbedingt auf die 698 Meter hohe Scharfensteinklippe klettern. Etwas verborgen hinter der Rangerstation beginnt ein Pfad, anfangs sanft, dann wild und steil zum Aussichtspunkt: eine viertel Stunde beschwerlicher Anstieg, doch die Mühe wird belohnt, denn der Blick vom Scharfenstein ist einer der schönsten Brockenblicke, die wir erlebt haben.

Oben: Abwechslungsreiche Wanderung auf den Brocken über den Teufelsstieg

Unten links: Der Hexenaltar auf dem Brockengipfel; in der Ferne ist der Wurmberg zu erkennen.

Unten rechts: Teufelsklauen am Weg zum Brocken

7 Achtermannshöhe

Der Harz – ein Wintermärchen

leicht   5 km   1.30–2 Std.   159 Hm

• Tourencharakter
Einfache Tour, im Winter werden
die Forststraßen für Wanderer ge-
räumt; auf den letzten Metern zur
Kuppe erleichtern Steinstufen und
Haltestange den Gipfelsturm, bei
Schnee und Eis dennoch nicht
ganz einfach

• Orientierung
Leicht

• Gipfel
Achtermannshöhe, 925 m

• Talort
Königskrug, 759 m

• Ausgangspunkt
Parkplatz Königskrug an der B4
von Braunlage nach Bad Harzburg

• Anfahrt mit Bahn & Bus
Buslinie 820 Bad Harzburg–
Braunlage; www.rbb-bus.de

• Gehzeiten
Parkplatz B4–Achtermannshöhe
45 Min., zurück in gleicher Zeit,
bei Schnee auch länger;
insgesamt 1.30–2 Std.

• Einkehr
Gasthof Königskrug
38700 Braunlage
Tel. 05520/13 50

• Karte
Rad- & Wanderkarte »Zum
Brocken« (6. Ausgabe),
zweiseitige Karte 1:25 000,
ISBN 978-3-86973-096-7

Neben dem alles beherrschenden Brocken haben es andere Gipfel
schwer. Doch die Achtermannshöhe behauptet eine auffallende
Eigenständigkeit, obwohl sie mit einer Höhe von 925 Metern nur der
fünfthöchste Berg im Harz ist. Das liegt sicherlich auch an der markanten Kuppe aus Hornfels, die über die Baumgrenze ragt und selbst
von weit entfernten Orten im Harz gut zu erspähen ist.

Eiskalt im Harz Obgleich die Besteigung nach nur zwei Kilometern ohne
große Anforderungen geschafft ist und der Berg eine wunderbare Aussicht
bietet, bleibt die Achtermannshöhe ein Geheimtipp. Ein Andrang wie auf
dem Brocken scheint auf dem eng begrenzten Gipfel auch nur schwer vorstellbar. Ihren ganz besonderen Reiz entfaltet diese Route allerdings im
Winter. Man stelle sich eine kalten Januartag vor, in der Nacht ist das Ther-
mometer unter 20 Grad Minus gefallen und wird auch am Tag die 15-Grad-
Marke nicht knacken. Als Entschädigung wölbt sich ein unendlich blauer
Himmel über dem Harz, wie man ihn aus Kindheitstagen kennt – die richti-

Durch einen verzauberten
Märchenwald zur Achtermannshöhe
Linke Seite: Bergkrone aus Eis und
Hornfels – der Gipfel der Achter-
mannshöhe mit Blick zum Brocken

gen Voraussetzungen für eine Achtermann-Winterbesteigung. Der Ausgangspunkt, das Rasthaus ❶ Königskrug, liegt an der B4. Die warmen Stie-
fel geschnürt, Daunenjacke übergestreift und vor allem: eine Thermoskanne
mit heißem Tee nicht vergessen. Neuer Schnee ist in der kalten Nacht nicht gefallen. Am Königskrug beginnen meh-
rere Langlaufloipen, der Weg zum
Achtermann wird auch für Wanderer
freigehalten; einfach der Ausschilderung folgen. Auf dem sogenannten
Milliardenweg geht es geradeaus und
leicht bergan, dann biegt rechts eine
Schneespur ab. Jetzt heißt es, den
schmalen Weg mühsam hinaufstapfen,
vorbei am Achtermannstor, einem Fels
mit dicker Schneemütze. Erst das
letzte Stück hinter der Schutzhütte, direkt unterhalb des ❷ Achtermann-
gipfels, ist völlig vereist und erfordert
trotz des Geländers große Aufmerksamkeit. Wild durcheinandergewür-
felte Felsbrocken türmen sich auf; hier
suche ich mir ein Plätzchen, koste den
Blick auf den nahen Brocken und den
Westharz in Ruhe aus. Lange bleibe ich
nicht allein, andere Wanderer kommen, steigen den Pfad herauf, wir
plaudern ein wenig: Nichts zum Aufwärmen im Rucksack? – Der Tee wird
also geteilt. Die Einsamkeit, die Weite,
die Schönheit der Natur lassen die
Herzen gemeinsam höherschlagen.

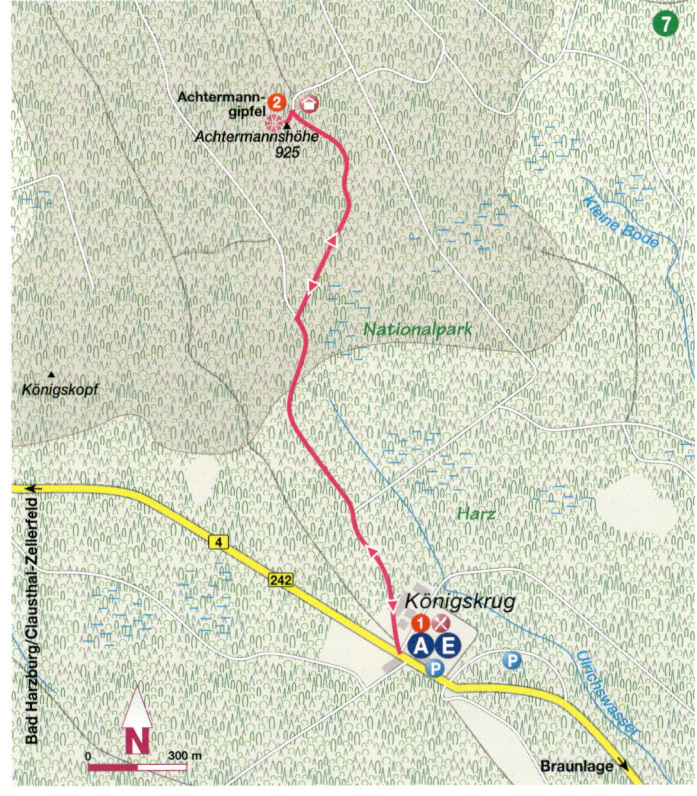

8 Wurmberg

Von Mythen und Alltag

mittel	11 km	3 Std.	↑↓ 474 Hm

• Tourencharakter
Mittlere, teilweise leichte Gipfeltour, mit beständigem Anstieg; flotter Abstieg, der mehrfach Downhillstrecken kreuzt, auf der Mountainbiker mit einem Affenzahn talwärts schießen

• Orientierung
Einfach und ausreichend beschildert

• Gipfel
Wurmberg, 971 m

• Talort
Braunlage, 570 m

• Ausgangspunkt
Talstation der Wurmbergseilbahn in Braunlage

• Anfahrt mit Bahn & Bus
Braunlage erreicht man mit dem Regiobus 820 von Bad Harzburg, mit der Linie 257 von Wernigerode und mit der Linie 470 von Bad Sachsa; www.rbb-bus.de

• Gehzeiten
Talstation–Wurmberg 2 Std., Wurmberg–Braunlage 1 Std.; insgesamt ca. 3 Std.

• Einkehr
Wurmberg-Alm
38700 Braunlage
Tel. 05520/721
www.wurmberg-alm.de

• Karten
Rad- & Wanderkarte »Zum Brocken« (6. Ausgabe), zweiseitige Karte 1:25 000,
ISBN 978-3-86973-096-7

Kennern gilt der Wurmberg als ein besonders mythischer Platz im Harz, ein Berg alter Heiligtümer und ein Kraftort. Der zweithöchste Berg im Harz erhebt sich in unmittelbarer Nähe zum Brocken. Lange Zeit war die schneesichere Kuppe wegen der prominenten Sprungschanze unverkennbar. Der baufällige Turm wurde jedoch im Jahr 2014 abgerissen und durch einen auffälligen roten Neubau ersetzt.

Sport und Natur Der Wurmberg ist der Hausberg des Städtchens ❶ Braunlage, das sich in den letzten Jahren zu einem Zentrum für Sport- und Outdoor-Aktivitäten herausgeputzt hat. Hotels, Gaststätten und Trendsportarten wie Downhill-Mountainbiking locken die Besucher. Zum Gipfel des Wurmbergs führt eine Seilbahn, deren Talstation wir als Ausgangspunkt für unsere Wanderung wählen. An der Warmen Bode, einem der beiden Quellflüsse der Bode, laufen wir flussaufwärts durch den Ort und gelangen nach knapp einem Kilometer zu einer Straßenbrücke, wechseln ans andere Ufer und folgen auf einem schönen Waldweg dem Fluss, der über den Oberen und ❷ Unteren Bodefall zu Tale strömt.

Die Krönung Nach gut zwei Kilometern erreichen wir die ❸ Bärenbrücke, laufen auf dem Fahrweg ein kurzes Stück zurück Richtung Braunlage, biegen dann links auf einen Weg durch das Naturschutzgebiet Wurmberg in Rich-

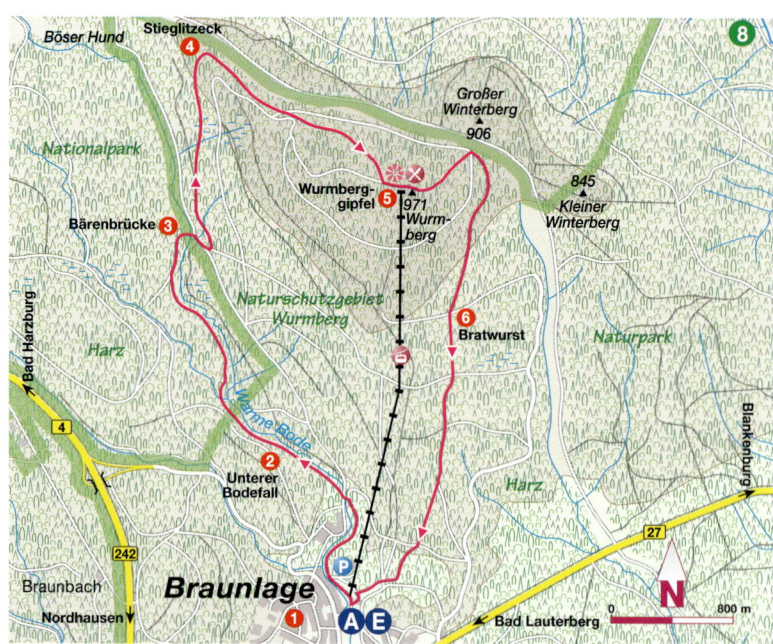

tung Stieglitzeck ab. Am ❹ Stieglitzeck, der Westkuppe des Wurmbergs, erkennt ein geschulter Blick die Reste eines großen Steinwalls. Über die freie Kuppe streben wir dem 971 Meter hohen ❺ Wurmberggipfel zu, der mit Seilbahnstation und Gasthaus regelrecht zugebaut ist. Ein mit einem Holzzaun abgetrenntes Gelände fällt kaum auf; Reste einer rätselhaften Steinanlage, hinter der lange Zeit ein heidnisches Heiligtum aus der Bronzezeit vermutet wurde, sind zu erkennen; so wird es in Reiseführern und Publikationen beschrieben. Doch kamen Ausgrabungen im Jahr 2000 zu dem verblüffenden Ergebnis, dass es sich lediglich um die Fundamente einer Hütte aus dem Jahr 1825 handle. Unter der modernen Bebauung verschwunden ist allerdings der Hexenaltar, ein Kult- und Versammlungsplatz, zu dem von Osten her eine 80 Meter lange Treppenanlage geführt haben soll. Von dieser Hexentreppe ist ebenfalls kaum etwas zu sehen, offensichtlich zerstörte man auch sie, jedenfalls wurde ihr bei archäologischen Untersuchen kein historischer Wert zugemessen. Es gibt auf dem Wurmberggipfel noch weitere Steinanlagen, deren Geschichte ungeklärt blieb; so ein flacher Steinwall mit 24 Metern Durchmesser. Trotz des ernüchternden Lifestyle-Gewusels kann man sich den Wurmberg gut als Thingplatz und Kultstätte vorstellen.

Enttäuscht klettern wir steil ab. Am Schierker Loipenhaus halten wir uns rechts, folgen dem Fahrweg über die ❻ Bratwurst genannte Wegekreuzung zurück nach Braunlage. Parallel verläuft die Strecke für die Monsterroller, auf denen die Wurmbergbesucher in wilder Fahrt bergabschießen. Ob sie etwas von der wahren Geschichte des Berges ahnen?

Der Wurmberg, vom Brocken gesehen
Unten: Heilkraut Augentrost

Augentrost

Augentrost (Euphrasia rostkoviana) wird seit vielen Hundert Jahren als Augenmedizin verwendet; im Mittelalter galt er als Mittel, um hellsichtig zu werden. Die Pflanze entzieht der Weide viele Nährstoffe, daher wird sie auch Weiddieb genannt. Eine alte Bauernregel meint sogar, den Beginn eines frühen Winters vom Wuchs des Krauts abzulesen.

9 Elendstal

Magische Felsen: Scherstor- und Schnarcherklippen

leicht	7 km	2–3 Std.	↥ 234 Hm

• **Tourencharakter**
Einfache Wanderung (7 km) auf Fahrstraßen und meist guten Pfaden; lediglich der Abstieg ins Elendstal ist »ein Elend«

• **Orientierung**
Leicht

• **Höchster Punkt**
Große Scherstorklippen, 693 m

• **Talort**
Elend, 514 m

• **Ausgangspunkt**
Ortsende von Elend, an der Straße in Richtung Braunlage; gebührenpflichtige Parkplätze sind im Ort vorhanden

• **Anfahrt mit Bahn & Bus**
Mit der Harzquerbahn Nordhausen–Wernigerode; www.hsb-wr.de

• **Gehzeit**
Insgesamt 2–3 Std.

• **Einkehr**
In Elend gibt es mehrere Gasthäuser, unterwegs allerdings keine Einkehrmöglichkeit

• **Karte**
Rad- & Wanderkarte »Zum Brocken« (6. Ausgabe), zweiseitige Karte 1:25 000, ISBN 978-3-86973-096-7

Schierke und Elend zählen zu den beliebtesten Orten zu Füßen des Brockens: Schierke als bevorzugter Ausgangspunkt für den Gipfelaufstieg, und Elend, da von dort die schönsten Wege zu den spektakulären Schnarcherklippen führen. Abseits vom Rummel wandern wir zu den sagenhaften Scherstorklippen und durch das himmlische Elendstal, das diesen Namen wahrlich nicht verdient hat.

Was heißt hier Elend? Das hübsche Harzdorf mit dem rätselhaften Namen – er stammt aus dem Althochdeutschen und bedeutet »fremdes oder unbesiedeltes Land« – verlassen wir nach einem Blick auf die kleine ❶ Holzkirche in Richtung Braunlage. Am Ortsausgang, gegenüber des Hotels Waldmühle, steigt ein etwas zugewachsener Pfad in den Wald hinauf: der Ulmer Weg, eine im Mittelalter viel genutzte Handelsstraße. Wir überqueren die Gleise der Harzquerbahn, kurz darauf die alte Braunlager Straße und schreiten im Fichtenwald fröhlich aus. Der Weg, gesäumt von der seltenen Schwarzen Königskerze, stößt nach zwei Kilometern auf einen Kolonnenweg; wir wenden uns nach rechts und erblicken schon bald die Kleine Scherstorklippe. Nur ein paar Schritte weiter entdecken wir ein Ruheplätzchen. Von hier werden die weit imposanteren ❷ Großen Scherstorklippen sichtbar, ein riesiger Fels durch eine drei Meter breite Kluft in zwei Teile gespalten. Er wirkt, obgleich nicht von menschlicher Hand gestaltet, wie eine urzeitliche Zyklopenfestung.

Die Sage berichtet, dass in einer Höhle des Felsens die beiden Söhne des germanischen Donnergottes Thor, Söri und Soro, aufwuchsen. Sie waren einander spinnefeind. Als sie wieder einmal auf dem Fels standen, stritten und einander nach dem Leben trachteten, fuhr der Vater mit seinem gewaltigen Hammer dazwischen und verwandelte die beiden Streithähne zu Stein.

Ein Eimer voller Gold Von der Schutzhütte windet sich ein schmaler Waldweg durch eine Fichtenschonung in Richtung ❸ **Schnarcherklippen**, die mitten im dichten Forst die höchsten Baumwipfel noch überragen. Die beiden Felstürme sind als Kletterschule beliebt, eine der Klippen kann auch über eine Eisenleiter bestiegen werden. Wer nicht glaubt, dass Felsen schnarchen, sollte bei Südostwind früh aufstehen, dann sind die pfeifenden Geräusche nicht zu überhören. Und noch etwas: Die Felsen sind stark eisenhaltig, hier spielt der Kompass verrückt! Wir stolpern zwischen den Felstürmen hindurch und folgen dem Weg links, einem wurzelreichen Abstieg ins Elendstal. Junge Birkenstämme beugen sich zu Torbögen, rechts und links dichte Blaubeerbüschel. An der Einmündung auf einen breiteren Weg halten wir uns rechts und steigen durch einen verzaubernden Fichtenwald mit mächtigen Blockhalden hinab zur Kalten Bode. An der ❹ **Bodebrücke** geht es auf einem der schönsten Harzer Wanderwege, immer auf Tuchfühlung zum an Bachforellen reichen Fluss, zurück nach Elend. Ein Umweg über die ❺ **Elendsburg** könnte sich lohnen, denn im Elendstale unter einer Klippe wohnte einst eine Jungfer mit einem silbernen Schlüssel, den reichte sie einem armen Köhler. Da öffneten sich ihm drei Türen, er gelangte zu gesattelten Rossen und deren Mist. Er ward gehalten sich solchen Mist mitzunehmen, von einer Brücke warf er ihn ins Wasser, da klingelte es und ward pures Gold. Ein Eimer dieses Goldes wartet noch immer in einem Versteck auf der Elendsburg – vielleicht auf dich?

Die Scherstorklippen, nach der Sage ein Werk des Donnergottes Thor

Unten: Eine himmlische Wonne, durchs Elendstal zu wandern

Unten: Eine himmlische Wonne, durchs Elendstal zu wandern

10

Brocken

Ein Kindheitstraum wird wahr

mittel   16 km   4 Std.   ↑ 269 Hm
                                      ↓ 848 Hm

• **Tourencharakter**
Mittelschwere Wanderung auf
größtenteils breiten Wegen, aber
auch auf schmalen und steil
bergab führenden Pfaden

• **Orientierung**
Gut ausgeschildert, lediglich im
Bereich der Brockenkinder ist
etwas größere Aufmerksamkeit
erforderlich

• **Gipfel**
Brocken, 1141 m

• **Talort**
Drei Annen Hohne, 542 m

• **Ausgangspunkt**
Gipfel des Brocken

• **Anfahrt mit Bahn & Bus**
Mit der Brockenbahn vom Bahnhof
Drei Annen Hohne; Anreise mit der
Harzquerbahn von Nordhausen
oder Wernigerode nach Drei Annen
Hohne; www.hsb-wr.de

• **Gehzeiten**
Brocken–Brockenbett 1 Std.,
Brockenbett–Zeterklippen–
Brockenkinder 1 Std., Brocken-
kinder–Spinne 1 Std., Spinne–
Bahnhof Drei Annen Hohne 1 Std;
insgesamt ca. 4 Std.

• **Einkehr/Übernachtung**
Der Brockenwirt
Brockenstraße 38
38879 Schierke
Tel. 039455/268
www.brockenwirt.de
Im Brockenhotel auf dem Gipfel
kann man übernachten; einzigartig,
aber nicht billig

• **Karte**
Rad- & Wanderkarte »Zum
Brocken« (6. Ausgabe),
zweiseitige Karte 1:25 000,
ISBN 978-3-86973-096-7

Der Höhepunkt einer jeden Harzreise ist die Besteigung des Brockens – schon Heine und Goethe konnten sich seinem Bann nicht entziehen. Sie eroberten die gewaltige, kahle Bergkuppe zu Fuß. Ihre Routen sind heute als Wanderwege ausgewiesen und bei Harzwanderern außerordentlich beliebt. Zu einer wahrhaft magischen Reise wird die Gipfeltour jedoch mit der Dampfeisenbahn.

Der kleine Bahnhof von ❶ **Drei Annen Hohne** sieht wirklich aus wie auf einer Modellbahnanlage. Schnaufende, schwarze Lokomotiven, die alten kugeligen Wasserspeicher, die Eisenbahnschaffner mit ihren roten Schirmmützen und Kellen, selbst die etwas prosaischen Triebwagen gab es in meiner Kindheit schon als Modellspielzeug. Das alles begeistert das Kind im Manne, der sich hier zahlreich als Hobbyfilmer und Fotograf betätigt, aber auch Frauen und Kinder sind hingerissen. In Scharen kommen sie an diesem schönen Spätsommertag und alle wollen hinauf … zum ❷ **Brocken**.

Der Brockengipfel
Unten: Brockenanemone
Linke Seite: Per Dampflok von Drei
Annen Hohne auf den Brocken

Brockenanemone

Die Brockenanemone (Pulsatilla alpina) ist das Symbol des Nationalparks Harz. Auf die haarigen Fruchtköpfchen gehen originelle volkstümliche Namen zurück: Teufelsbart, Wilde Männle, Grantiger Jager, Bocksbart oder Hexenbesen. Die Brockenanemone war in ihrem Bestand stark gefährdet; ein Artenschutzprogramm des Nationalparks sorgt für ihren Erhalt. In der Homöopathie findet die Pflanze Anwendung bei Migräne, Depressionen, Muskel- und Gelenkrheumatismus sowie Menstruationsbeschwerden.

Die begehrtesten Plätze befinden sich nicht im Büfett-Wagen oder auf den gepolsterten Sitzbänken der Waggons, erst auf der Plattform über der Wagenkupplung wird die Fahrt zur Magical Mystery Tour. Endlich, nach dem grellen Pfiff des Stationsvorstehers, setzt sich der kleine Zug in Bewegung, die Lok stößt dunkle Rauchwolken in den blauen Himmel. Er rumpelt und keucht, erreicht den ersten Bahnübergang und taucht ein in die wundersame Harzer Wald- und Felslandschaft.

Inzwischen geht es rascher voran, in Schierke gesellen sich fröhliche Fahrgäste hinzu, die Stimmung steigt, die Dampflok klettert tapfer bergan. »Da, das ist der Wurmberg, den erkennt man an der Sprungschanze!« Unterhalb der Gleise verläuft der Goethewanderweg. Wanderer winken, die Reisenden

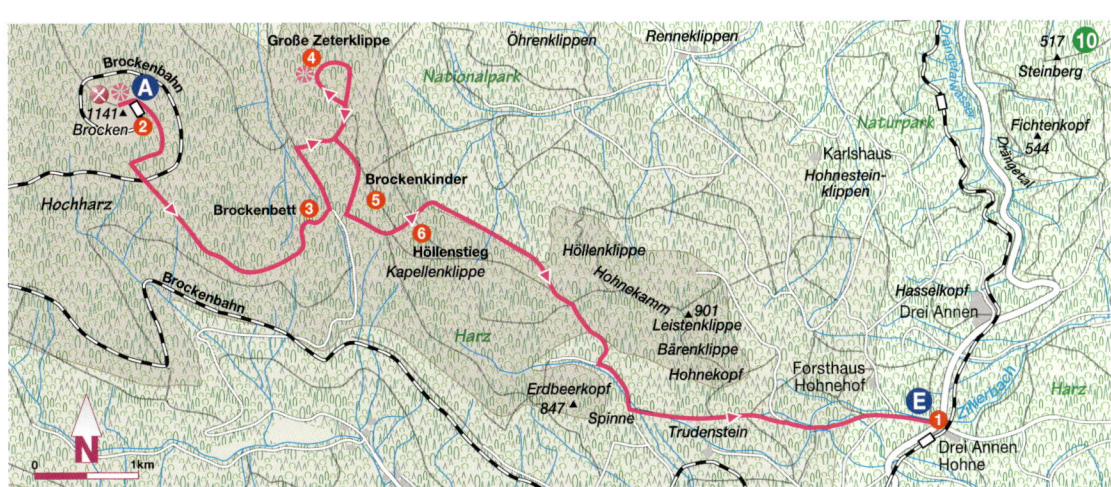

Von wilden Stürmen, beißendem Frost und peitschendem Regen gezeichnete Fichten im Brockenfeldmoor

auf der dicht besetzten Plattform winken fröhlich zurück. Was für ein Tag! Ein Kindheitstraum wird endlich wahr.

Dann erreicht die Brockenbahn die Baumgrenze, die Lokomotive schnauft, der Anstieg wird immer steiler. »Wieso sieht man den Wurmberg jetzt auf der rechten Seite, eben war er noch links?« Der Eisenbahnzug umrundet den Brockens mehrmals und der Wurmberg steigt einmal links, einmal rechts aus dem Dunst hervor, wie von Zauberhand inszeniert. Noch ein Schnaufer aus dem Schornstein der Lok, dann heißt es: »Alle aussteigen!« Geschafft!

Der Brockengipfel: eine flache Kuppe ohne Bäume, mit einem Klima, das man eher in Island erwartet. An 300 Tagen im Jahr herrscht hier oben Nebel. Aber wenn die Sonne scheint, ist schnell aller Regen, Hagel, Sturm vergessen, alles einfach wunderbar – und voll. Das tut der herrlichen Aussicht aber keinen Abbruch. Viele Besucher spazieren nach der obligatorischen Erbsensuppe mit Bockwurst auf dem Gipfelrundweg und stecken ihre Nase ins Nationalparkhaus. Naturfreunde bestaunen die internationale Pflanzenwelt des Brockengartens: Brockenanemonen, Enziane und viele andere alpine Gebirgspflanzen. Wir aber möchten den Zauber des Brockens und seiner nächsten Umgebung hautnah erleben und suchen einen Abstieg zu den Zeterklippen. Leider ist der Pfad, den wir vor wenigen Jahren noch gelaufen sind, zugewachsen und nicht mehr ausgeschildert. Da bleibt uns nur die belebte Brockenstraße, gerade frisch asphaltiert. Dafür läuft es sich leichter. Nach vier Kilometern erreichen wir das ❸ Brockenbett, auf exakt 900 Meter Höhe.

Der Hinweis zu den Zeterklippen fehlt, wir nehmen den mit einem grünen Balken gekennzeichneten Weg links und laufen einen Kilometer leicht bergab. Ab hier ist der Weg zur ❹ **Großen Zeterklippe** gut ausgeschildert. Er führt über eine lichte Hochebene mit hohem Gras und niedrigen Fichten, aus der verstreut Granitbrocken herausragen, die sich immer höher auftürmen. Die riesigen, übereinander ruhenden Felswürfel der Zeterklippe erinnern an braune Würfelzuckerstücke; ein gigantisches Beispiel für die harztypische Wollsackverwitterung. Die Zuckerwürfel erklimmen wir über eine Eisenleiter, erblicken den nahen Brocken, in der anderen Richtung den imposanten Rücken eines ruhenden Drachens, den Hohnekamm (Tour 11). Man rätselte lange über die Herkunft des Namens Zeterklippe und glaubte ihn auf Zintar oder Brunnen des Ziu (Thor) zurückführen zu können, was nach neueren Erkenntnissen aber wenig wahrscheinlich ist.

Auf gleichem Weg wandern wir zurück bis zum Weißtannenheiweg, hier nun links in Richtung Drei Annen Hohne. Über die ❺ **Brockenkinder**, eine beschwerlich zu überwindende hohe Felsstufe, treffen wir auf den Glashüttenweg, über den wir recht bequem zum Bahnhof Drei Annen Hohnen laufen könnten. Spannender aber ist der Abstieg über den ❻ **Höllenstieg**, nach 500 Metern auf dem Glashüttenweg links. Sportliche Wanderer werden sich den Namen ins Notizbuch schreiben und als Herausforderung für die nächste Brockenbesteigung vormerken. Wir hüpfen jedoch über Wurzeln und Steine den Höllenstieg abwärts, überqueren den Forstmeister-Sietz-Weg und steigen weiter hinab bis zur nächsten Forststraße. Sie führt uns gemächlich über das Wegekreuz Spinne und den Trudenstein (Tour 11) zurück zum Bahnhof aus dem Spielzeugland, ❶ **Drei Annen Hohne**.

Brockenwetter

Auf dem Brocken herrschen extreme Wetterbedingungen, vergleichbar mit dem Klima Islands. Der höchste Berg im Norden Deutschlands, sein Gipfel mit 1141 Metern ü. NN, liegt oberhalb der natürlichen Baumgrenze. Die Sommer sind kurz und die Winter lang; viele Monate trägt er eine geschlossene Schneedecke … bis zu 380 Zentimeter wurden gemessen. Die schweren Stürme und niedrigen Temperaturen selbst im Sommer halten aber die Wanderer von einer Besteigung nicht ab. Am Brocken, dem niederschlagsreichsten Punkt im nördlichen Mitteleuropa, werden im Jahresdurchschnitt Niederschläge von über 1600 Millimetern gemessen. Nebel an 300 Tagen im Jahr, 100 Tage im Jahr unter Eis, 176 Tage mit Schnee bedeckt, an 85 Tagen im Jahr Temperaturen unter 0 °C, im Winter Tiefsttemperaturen bis zu −28 °C, das Jahresmittel liegt bei 2,9 °C, eine höchstgemessene Windgeschwindigkeit von 263 km/h sind keine Seltenheit. Da ist was los auf dem Brocken, da zittern selbst die Hexen und die Brockenbahn wird schon mal außer Gefecht gesetzt. Bei guter Fernsicht ist der Brocken vom Hohen Meißner (80 km), vom Großen Inselsberg im Thüringer Wald (112 km), dem Völkerschlachtdenkmal Leipzig (130 km), dem Habichtswald (130 km), der Rhön mit der Wasserkuppe (152 km) und dem Kahlen Asten im Sauerland (169 km) zu sehen.

Auf Augenhöhe mit dem Brocken – die Große Zeterklippe

11 Hohnekamm

Ein Blick auf den Anfang der Erde

mittel · 12 km · 4 Std. · ↑↓ 443 Hm

• Tourencharakter
Fordernde Tour von mittlerer Länge mit kurzen, steilen Anstiegen; über den Hohnekamm führen felsige, teilweise auch feuchte Pfade

• Orientierung
Der Aufstieg zur Leistenklippe ist klar gekennzeichnet; abwärts gibt es mehrere ausgeschilderte Möglichkeiten, so den Moorstieg oder den Beerenstieg; der Treppenstieg allerdings ist nicht ausgeschildert

• Höchster Punkt
Leistenklippe, 901 m

Talort
Bahnhof Drei Annen Hohne, 542 m

• Ausgangspunkt
Bahnhof Drei Annen Hohne (großer Parkplatz)

• Anfahrt mit Bahn & Bus
Nach Drei Annen Hohne mit der Harzquerbahn von Nordhausen oder Wernigerode; www.hsb-wr.de

• Gehzeiten
Drei Annen Hohne–Leistenklippe 1.30 Std., Leistenklippe–Drei Annen Hohne über den Treppenstieg 2.30 Std.; insgesamt ca. 4 Std.

• Einkehr
Unterwegs keine

• Karte
Rad- & Wanderkarte »Zum Brocken« (6. Ausgabe), zweiseitige Karte 1:25 000, ISBN 978-3-86973-096-7

Als Trip in die Urzeit der Erde entpuppt sich die Tour über den Hohnekamm. Wir entdecken eine wüste Felslandschaft mit gewaltigen Klippen, auf denen die bleichen Stämme abgestorbener Bäume standhalten. Doch auch neues Leben erwacht: Birken, Vogelbeerbäume und junge Bergfichten erobern ihr Revier zurück. Wir fühlen Werden und Vergehen … eine der spannendsten Wanderungen im Brockengebiet.

Start in die Wildnis Noch spüren wir nichts von Einsamkeit und Wildnis, die uns erwarten. Am ❶ **Bahnhof Drei Annen Hohne** herrscht der übliche Betrieb: Fahrgäste warten geduldig auf die Brockenbahn, Motorradfahrer trinken Kaffee, Kinder ziehen ihre Eltern zum Löwenzahn-Entdeckerpfad von TV-Moderator Peter Lustig. Wir schlagen den breiten Weg in Richtung Brocken ein. Schon nach wenigen Meter locken uns gelbe Farbtupfer auf eine große Wiese, die Hohnewiese. Natürlich machen wir Halt und wollen wissen, was denn da so blüht und leuchtet. Nach dieser kleinen botanischen Exkursion geht es steil bergauf, am Wegkreuz mit Rastplatz biegen wir links ab in Richtung ❷ **Trudenstein**, den wir rasch erreichen. Trude bedeutet so viel wie Hexe. Der markante Felsen hat schon den romantischen Maler Caspar David Friedrich fasziniert, der ihn für sein Gemälde *Der Watzmann* als Vordergrund verwendete. Wie die Felsformation in die Alpen kam, das wissen nur die Hexen – mit Photoshop allein war das jedenfalls nicht möglich.

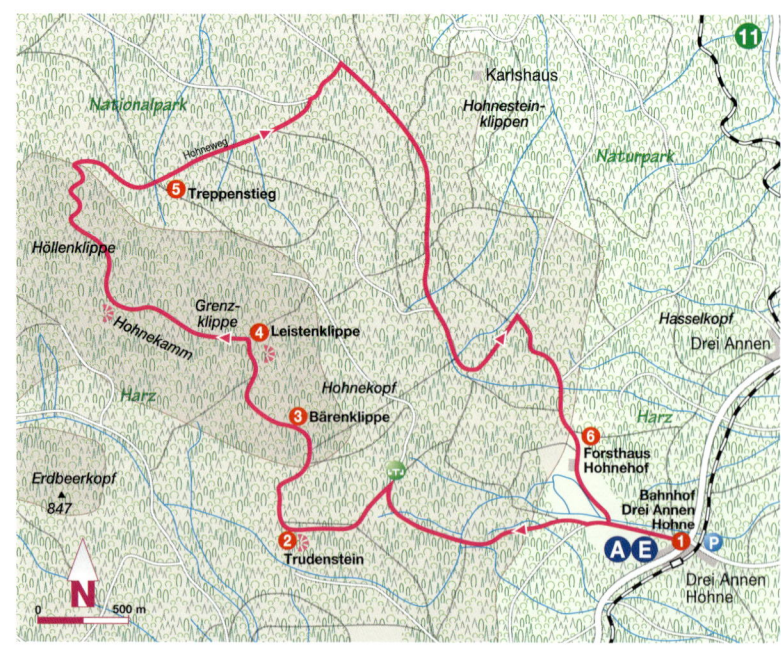

Bärwurz & Wiesenkümmel

Auf der Hohnewiese blüht im Frühsommer wie auf vielen Harzer Bergwiesen die Bärwurz. Unter den anderen harztypischen Kräutern erkennt man die aromatisch riechende Pflanze leicht an ihrem Duft. Der Name hat nichts mit Bären zu tun, sondern kommt von »Bärmutterwurz«; bei Gebärmutterleiden wurde sie für lindernde Sitzbäder verwendet. Auch in der Küche wird die Bärwurz genutzt: Kräuteressig und Salaten verleiht sie eine besondere Note. Im Harz wird sie übrigens auch Pferdekümmel genannt.

Richtigen Wiesenkümmel findet man etwas oberhalb der Hohnewiese an der Brücke über den Wormkegraben. Auch hier ist die Duftprobe ein sicheres Erkennungszeichen. Das Gewürz gilt im Harz als bewährtes Mittel gegen Hexenwerk und Zauberei; man muss es in einem Beutelchen auf der Brust tragen.

Am Trudenstein führt ein Steilweg rechts hoch zum Hohnekamm. Nach knapp einem Kilometer anstrengenden Aufstiegs erreichen wir auf einer Höhe von über 800 Metern ein Plateau; eine fast unwirkliche Welt tut sich auf. Hinter einem jungen Wald aus Fichten und Ebereschen bilden die urtümlichen Felsformationen des Hohnekopfs und der ❸ Bärenklippe die Kulisse. Der Weg windet sich zwischen den Felszacken hindurch, wir streifen traumwandlerisch durch eine wahre Eiszeitlandschaft. Flechten und Moose zaubern fantastische Muster auf die Klippen; auf den Steinriesen hingeworfene Felsbrocken, manche groß wie gestrandete Wale.

Nach nur einem Kilometer, für den wir fast eine Stunde brauchen (so viel gibt es zu sehen, zu entdecken, zu bewundern), erreichen wir die 901 Meter hohe ❹ Leistenklippe, die wir über eine Leiter besteigen. Die Leistenklippe ist nicht nur ein Aussichts-, sondern auch ein Wegepunkt; hier treffen mehrere Pfade aufeinander. Wir entscheiden uns für den Weg in Richtung Grenzklippe bzw. Brocken. Die Landschaft wird immer unwirklicher und einsamer … so muss Tolkiens Mittelerde ausgesehen haben.

Zurück zur Zivilisation ginge es geradeaus bis zum Glashüttenweg, wir aber können nicht genug bekommen und suchen den nur schwer zu findenden Pfad, der zur Höllen- und zur Landmannklippe führt. Dieser Weg ist nicht ausgeschildert, nur mit einem roten Farbpunkt markiert und bringt uns zum ❺ Treppenstieg, über den es wieder abwärts geht bis zum Oberen Hohneweg. Wir folgen der Fahrstraße über den Hohnepfahl und das ❻ Forsthaus Hohnehof, in dem jetzt ein Erlebniszentrum des Nationalparks untergebracht ist, zurück nach Drei Annen Hohne.

Berauschende Farbstimmungen
in der westlichen Harzregion

Der westliche Harz

12 Okerklippen

Zu den Felsentempeln der Vorzeit

mittel • 8 km • 3 Std. • ↕ 398 Hm

• Tourencharakter
Mittlere, nicht allzu lange Runde mit steilem Aufstieg zu Beginn, ansonsten auf kommoden Wegen ohne große Höhenunterschiede; zum Schluss geht es über den bekannten Aufstieg wieder zurück

• Orientierung
Zwar durchgehend ausgeschildert, aber nicht immer einheitlich bezeichnet

• Höchster Punkt
Kästeklippe, 599 m

• Talort
Romkerhalle, 339 m

• Ausgangspunkt
Parkplatz Romkerhalle an der B498 von Goslar nach Altenau

• Anfahrt mit Bahn & Bus
Der Regiobus 866 fährt vom Bahnhof Bad Harzburg direkt zu Kästeklippe/Kästehaus; www.rbb-bus.de

• Gehzeiten
Romkerhalle–Kästeklippe/Kästehaus 1.30 Std., Kästeklippe–Treppenstein 30 Min., Treppenstein–Romkerhalle 1 Std.; insgesamt 3 Std.

• Einkehr
Das Kästehaus wurde 2019 abgerissen. Der geplante Neubau konnte bislang (Stand Frühjahr 2022) nicht ausgeführt werden.

• Karten
Der Oberharz
Wander- und Fahrradkarte
Maßstab 1:30 000
ISBN 978-3-928977-73-9
www.schmidt-buch-verlag.de

Um das romantische Okertal zwischen Goslar und Altenau zu erkunden, bieten sich verschiedene Möglichkeiten an: Wassersportler schätzen die wilden Fluten des namengebenden Flusses, der ursprünglich Ovakra (schnell fließendes Wasser) hieß. Wissbegierige Wanderer mit Sinn für rätselhafte Plätze erkunden die faszinierende Klippenlandschaft an den östlichen Hängen des tief eingeschnittenen Tals.

Zu den Klippen Wie hoch es hinausgeht, macht schon der ❶ **Romkerhaller Wasserfall** am Beginn unserer Wanderung deutlich; er ist beachtliche 70 Meter hoch, wurde allerdings künstlich angelegt. Ein steiniger, teilweise von Rinnsalen überspülter Weg (Ausschilderung Käste) führt anfangs durch eine etwas wüste Waldlandschaft kräftig bergauf, kreuzt einen Fahrweg und erreicht nach gut einem Kilometer zwei unterschiedlich schwere Aufstiege zur ❷ **Feigenbaumklippe**. Wir wählen den als schwierig gekennzeichneten Weg. Er steigt steil über Treppen und Felsquader rechts um die Klippe herum an und belohnt uns mit einer Felsskulptur und einer versteckten Grotte, wie von Künstlerhand geschaffen. Die letzten Meter zur Aussichtsplattform sind durch Geländer gesichert. Das Okertal liegt tief unter uns, blaue Berge verlieren sich in der Ferne, Felstürme, die die Baumwipfel überragen, ziehen unsere Blicke auf sich. Nur 100 Meter weiter erwartet uns eine Kuriosität: die ❸ **Mausefalle**. Eine senkrechte Steinplatte hält einen viel größeren Felsblock in

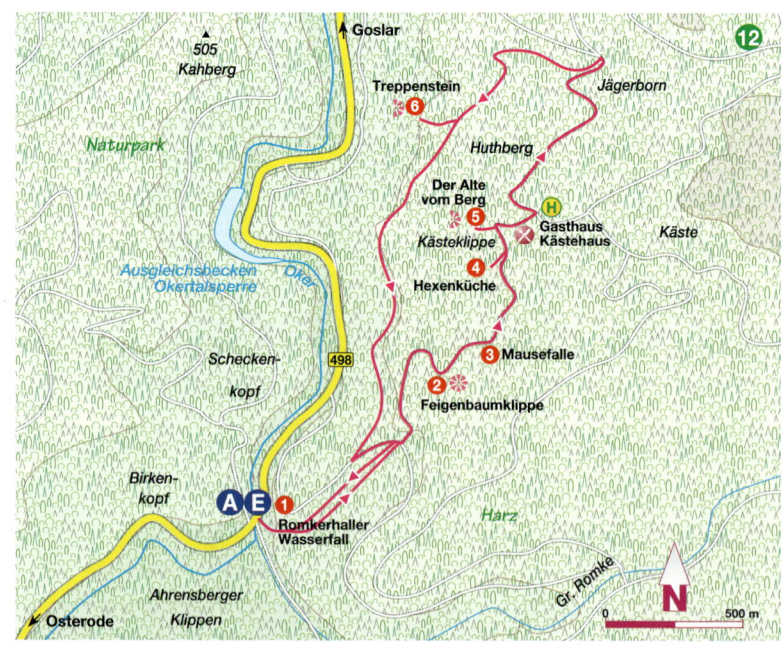

Der Alte Mann – keinen Blick gönnt er der reizvollen Landschaft.

der Waage, tatsächlich wie eine Mausefalle – ein Zauberwerk der Natur. »Vorsicht«, denken wir, »der kommt doch gleich runter!« Aber der Stein, so kipplig hoch droben, hat schon manchem Sturm getrotzt.

Die Harmonie dieser beeindruckenden Landschaft wird leider durch forstwirtschaftliche Nutzung beeinträchtigt, was unsere romantische Stimmung etwas dämpft. Hinter Fichtenstämmen verbirgt sich der nächste Granithaufen, ❹ Hexenküche getauft. Auch hier scheinen die oberen Felsbrocken der Schwerkraft zu spotten, es sieht eindeutig nach Hexenwerk aus. Jedenfalls sollen die Hexenküche und die nahe Kästeklippe bedeutsame Kraftorte und Schauplätze heidnischer Kulte gewesen sein. Sie wurden auch nach der gewaltsamen Christianisierung der Sachsen durch Karl den Großen weiterhin genutzt. Die ursprüngliche Opferstätte wird auf dem Adenberg am nördlichen Zugang des Okertals vermutet, von dort hatten sich die Göttergläubigen in die unzugänglicheren Regionen des wilden Okertals zurückgezogen.

Pokerface Besonders beeindruckt uns das riesige Steingesicht, ❺ **Der Alte vom Berg**. Wir entdecken es gleich am unteren Rand der Kästeklippe. Haben Menschen hier Hand angelegt? Unsere Vorfahren dürften ein von Göttern geschaffenes Monument in dem Felsgesicht gesehen haben. Im Harz lassen sich viele solcher Gesichter und Gestalten aufspüren, die geheimnisvolle Geschichten erzählen oder von magischen Ritualen zeugen: etwa der Mönch bei

Stille Minuten
auf der Feigenbaumklippe

Fels und Wald und immer wieder Fels
hoch über dem Tal der Oker

Unten: Fantasievoll klingen die
Namen der Okerklippen – hier die
Hexenküche.

Ilfeld oder die Häupter im Steinmühlental bei Appenrode (Touren 34 und 35). Bevor wir weiterwandern, legen wir eine kurze Rast im Kästehaus ein.

Klippenpanoptikum Zum ➏ **Treppenstein** laufen wir vom Gasthaus links über einen bequemen Forstweg bergab, am Jägerborn scharf links auf breitem Pfad abwärts. Am Weg zurück ins Tal verstecken sich weitere namenlose, von der Natur geschaffene steinerne Kunstwerke – ein wahres Klippenpanoptikum. Noch fesselt uns die Landschaft des hier besonders schönen Okertals, da ragt auch schon der Treppenstein vor uns auf, sicherlich die geheimnisvollste der Okerklippen. Zahlreiche, mit einem Geländer versehene Treppenstufen führen hinauf zur Granitklippe. Auf den letzten Metern erkennen wir stark verwitterte Stufen; wohl über 1000 Jahre alt führten sie einst zu einem Opferaltar, eingefasst von einer noch erkennbaren fußbreiten Rinne. Die Felsentempel der Vorzeit versetzen uns in eine nachdenkliche Stimmung; auf freiem Fels über den bewaldeten Höhen sitzend können wir uns des Zaubers dieser Orte nicht entziehen … Genug geträumt. Zurück zur Romkerhalle folgen wir dem ausgeschilderten Weg.

Wollsack-verwitterung

So mystisch die Felsen im Okertal auch anmuten, für ihre Entstehung gibt es natürlich auch eine geologische Erklärung mit dem eigenartigen Namen Wollsackverwitterung. Wo sich im Karbon ein urzeitliches Meer ausbreitete, faltete sich vor 300 Millionen Jahren der Urharz auf. Das harte Granitgestein des Harzes entstand aus aufsteigendem Magma, das unterhalb der Oberfläche auskühlte. Die Harzscholle stieg weiter auf, gleichzeitig wurde die Oberfläche durch Erosion abgetragen. Der Granit trat zutage und wurde durch chemische und physikalische Prozesse zu Gesteinsblöcken mit abgerundeten Kanten geschliffen. Sie erinnern an Matratzen, Kissen oder Wollsäcke – daher die Bezeichnung Wollsackverwitterung.

Im Okertal weisen alle Felsen diese rundgeschliffenen Formen auf. Mit dem Fortschreiten der Erosion zerfallen die Klippen weiter zu den harztypischen Blockhalden.

13 Bocksberg

Der Höhepunkt liegt hier im Tal

leicht   5,5 km   1.30 Std.   172 Hm

·····························

• Tourencharakter
Kurze Tour, 5,5 km mit leichten Anstiegen, die auch sehr gut mit Kindern und Kinderwagen gemacht werden kann; verläuft fast immer auf breiten Fahrwegen

• Orientierung
Einfach

• Gipfel
Bocksberg, 727 m

• Talort
Hahnenklee-Bocksberg, 569 m

• Ausgangspunkt
Parkplatz am Gasthaus Auerhahn an der B241; alternativ kann die Rundwanderung auch am großen Parkplatz der Stabkirche in Hahnenklee-Bocksberg beginnen

• Anfahrt mit Bahn & Bus
Mit der Deutschen Bahn nach Goslar (www.bahn.de), vom Bahnhof Goslar sind es ca. 25 Min. Fahrzeit mit dem Bus 830 über Auerhahn bis Hahnenklee; www.rbb-bus.de

• Gehzeit
1.30 Std.

• Karten
Wandern- und Radwandern am Oberharzer Wasserregal
Maßstab 1:25 000
ISBN 978-3-937929-75-0
www.kk-verlag.de

• Hinweis
Seilbahn und Gasthaus auf dem Bocksberg sind seit dem Jahr 2012 wieder einsatzbereit und geöffnet; www.erlebnisbocksberg.de

Das Tourismusbüro des hübsch gelegenen Kurbades Hahnenklee-Bocksberg lädt seine Urlaubsgäste ein: »Sie starten Ihre Wanderung mit einer schönen Gondelfahrt auf den Bocksberg …«, aber wir machen uns zu Fuß auf den Weg zum 723 Meter hohen Gipfel. Das stellt sich als eine beglückende Alternative heraus.

Gehen statt gondeln   Vom ❶ **Gasthaus Auerhahn**, an der B241 gelegen, folgen wir zunächst der »Alten Harzstrasse« bergan und biegen nach wenigen Hundert Metern halblinks auf einen Waldweg ein. In der Nähe vom Abzweig zum Bocksberggipfel befindet sich die ❷ **Liebesbank** – was für ein Ersatz für die versäumte Gondelfahrt. Ein sieben Kilometer langer Liebesbankweg rund

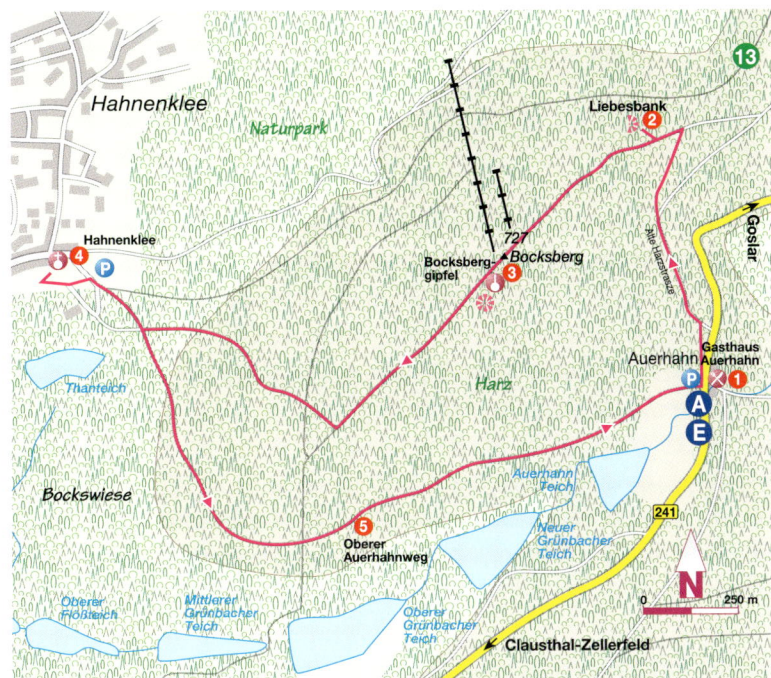

um den ❸ **Bocksberg** mit einem »Walk of Fame«, den Poesiesteinen und dergleichen mehr – lockt das moderne Tourismusmanagment damit Besucher?

Der Bocksberggipfel ist von der Liebesbank aus rasch erreicht. Der Aussichtsturm kann bestiegen werden, dank des automatisierten Zutritts per Einwurf einer 50-Cent-Münze. Vielleicht kann man den etwas vernachlässigten Eindruck dieses Gipfels den Hexen zuschreiben, die auf dem Bocksberg ihr Unwesen treiben sollen, noch immer? Nach altem Brauch wird hier die Walpurgisnacht mit Kirchengeläut und Peitschenknall gefeiert. Vor dem Zugriff dunkler Kräfte schützen Kreuze und Kräuterbüschel. Eine Mulde auf dem Bocksberg trägt den seltsamen Namen »Mädchenrathausplatz«, hier sollen sich einst zwölf Frauen gegenseitig im Streit um einen Mann erschlagen haben. Hatte hier der Teufel seine Hand im Spiel?

Ein wahres Kirchenschiff Der Höhepunkt unserer Wanderung liegt also diesmal im Tal. Wir folgen dem Fahrweg bergab Richtung ❹ **Hahnenklee**, nach zwei Kilometern schimmert schon das Dach der berühmten Stabkirche durch die Fichten. Sie wurde vor über 100 Jahren nach dem Vorbild im norwegischen Borgond errichtet. In Norwegen gibt es heute noch etwa 30 dieser aus senkrecht gestellten Hölzern errichteten Stabkirchen. Die Gustav-Adolf-Stabkirche in Hahnenklee zieren heidnische Symbole wie die Drachenköpfe an den Giebeln oder die Midgardschlange am Dachfirst; der Innenraum erinnert an Wikingerschiffe, der Kronleuchter an ein Steuerrad, das Tageslicht dringt durch Bullaugen ins Kirchendunkel. Zum Ausgangspunkt der Rundwanderung führt uns der ❺ **Obere Auerhahnweg**. Rechter Hand blitzen die Teiche der Auerhahn-Kaskade durch die Baumstämme; es sind untereinander durch Gräben und Stollen verbundene Gewässer, die zum Antrieb von Pumpen für die Entwässerung der Bergwerksschächte dienten.

Das Kreuz und archaische Symbole aus heidnischer Zeit, friedlich vereint an der Stabkirche

14 Wolfswarte

Von Kräutern und Wölfen am Bruchberg

mittel	14 km	4 Std.	↥ 529 Hm

• Tourencharakter
Mittelschwere Bergtour mit steilem Aufstieg, aber auf breiten Wegen; der Rückweg über den Buttersteig erfordert Trittsicherheit und kann in Abschnitten auch rutschig sein

• Orientierung
Meist gut ausgeschildert

• Gipfel
Wolfswarte, 918 m

• Talort
Altenau, 504 m

• Ausgangspunkt
Kräuterpark, am Ortsausgang Altenau in Richtung Torfhaus

• Anfahrt mit Bahn & Bus
Nach Altenau fährt von Osterode der Regiobus 462; die Linie 831 startet in Goslar und fährt über Clausthal-Zellerfeld bis Altenau; auch der Bus 840 verbindet Altenau mit Clausthal-Zellerfeld; www.rbb-bus.de

• Gehzeiten
Altenau–Wolfswarte 2 Std., Wolfswarte–Altenau über Buttersteig und Wellnerweg 2 Std.; insgesamt ca. 4 Std.

• Einkehr
Unterwegs keine; in Altenau gibt es zahlreiche Gasthäuser

• Karte
Der Oberharz
Wander- und Fahrradkarte
Maßstab 1:30 000
ISBN 978-3-928977-73-9
www.schmidt-buch-verlag.de

Wo einst im Harz die Wölfe heulten, können die Kräuterhexen nicht weit gewesen sein. In Altenau, unter dem Bruchberg, befindet sich der größte Kräuterpark Europas, in dem man alles Wissenswerte über die Heilkräfte vieler Pflanzen erfährt. Auf der von Wind und Wetter geformten Wolfswarte, einem Gipfel des Bruchbergs, erkunden wir, ob die Wölfe wieder zurückgekehrt sind.

Der letzte Wolf wurde 1724 im Südharz erlegt. So behauptet es zumindest die Inschrift eines Denkmals, das zu seinen Ehren in Breitenbach errichtet wurde. Die vorläufig letzte verbürgte Wolfsjagd im Harz fand jedoch im Jahr 1798 unter der Leitung des Grafen Ferdinand statt. Der Name Wolfswarte bezeugt, dass auch auf dem sumpfigen Bruchberg seinerzeit die Wölfe in großer Zahl hausten. Bald könnte es abermals so sein, denn freilebende Wölfe siedeln seit 15 Jahren wieder in Deutschland und ihre Rückkehr in den Harz ist bereits im Gang. Aber die Raubtiere rufen bei den Menschen immer noch Befürchtungen und Entsetzen hervor. Die alten Germanen jedoch achteten den Wolf als das Tier Wodans. Erst unter dem Einfluss des Christentums wurde Wodan in den »Wilden Jäger« verwandelt und seine Wölfe in dessen Hunde, bis zuletzt aus diesen der gespenstische Werwolf wurde. So lesen wir es im Großen Brehm. Heute versuchen Naturschützer, Landwirte und Jäger sich auf die Rückkehr des Wolfes vorzubereiten … erste Sichtungen hat es bereits gegeben.

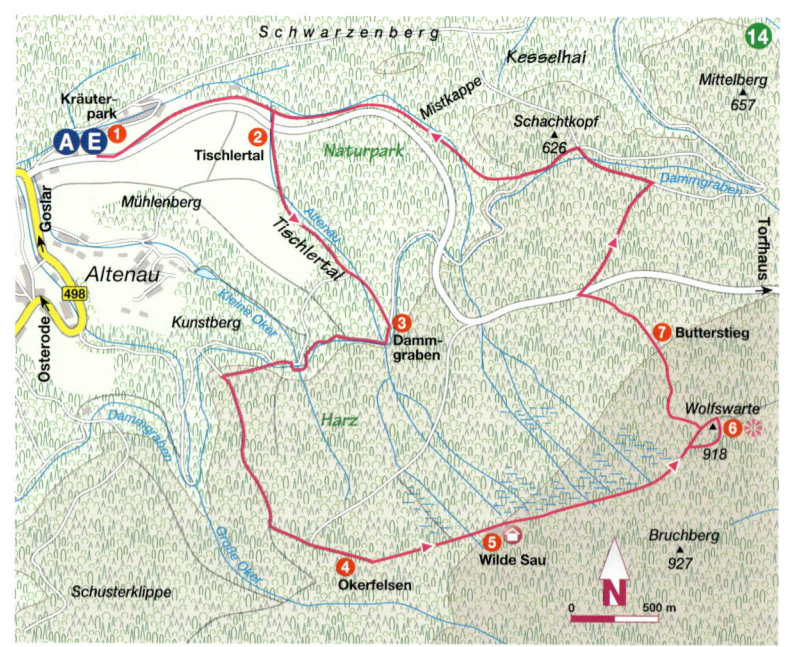

Scharf pfeift der Wind
über den Gipfel der Wolfswarte.

Wir beginnen unsere Wanderung am Ortsende Altenau in Richtung Torfhaus, laufen am ❶ Kräuterpark vorbei in Richtung Dammgraben bis zum Schnaidwassertal. Hier rechts über eine Brücke, über Parkplatz und Landstraße ins ❷ Tischlertal. Der breite Weg durchs Tal steigt nur leicht an, wird schmaler; wir bleiben in Richtung Wolfswarte und erreichen nach 1,3 Kilometern den ❸ Dammgraben, dem wir nun nach rechts folgen. Durch den gefassten Wasserlauf rennt eilig das Wasser. Wir begleiten den Graben bis zu einem breiten Forstweg, ein verwittertes Schild führt uns links. Nach 300 Metern erreichen wir den Baumannweg, auf dem es jetzt immer bergauf Richtung Wolfswarte geht. Für Unterbrechung sorgt ein kleiner Abstecher zu den scharfkantigen ❹ Okerfelsen oder eine Rast an der Schutzhütte mit dem schönen Namen ❺ Wilde Sau. Die großen Moore des Bruchbergs sind nicht zu sehen, wohl aber zu hören. Überall rieselt und rauscht es, sammelt sich Wasser zu kleinen Rinnsalen. Die Blaubeeren sehen so anders aus – sind es vielleicht Rauschbeeren? Heidekraut blüht; ist es Callunaheide oder doch Rosmarinheide? Darüber machen wir uns am Ende der Wanderung im Kräuterpark kundig.

Naturromanze Die 918 Meter hohe ❻ Wolfswarte ist nicht der höchste, doch der markanteste Gipfel auf dem Bruchberg; ein wilder Steinhaufen mit gelben und grünen Flechten teuflisch überzogen. Wir können uns vom Blick auf den Brocken bis zur vielfältigen Landschaft des Westharzes nicht losreißen. Dann der Abstieg über den ❼ Butterstieg, eine Romanze in Sachen Natur. Wurzelreich und steinig verschwindet er im dichten Tann, überquert einen Fahrweg, erreicht schließlich die Steile-Wand-Straße zwischen Altenau und Torfhaus. Den Pfad nach Altenau kennen wir bereits und folgen daher dem ausgeschilderten Wellnerweg noch fünf Kilometer bis zum Kräuterpark.

Kräuterpark

Der Kräuterpark Altenau schmückt sich nicht nur mit heimischen, sondern auch mit Heilpflanzen und Kräutern aus Afrika, Asien und dem Orient. Eine Botanikstunde, die richtig Spaß macht: Welche Pflanzen verwenden Medizinmänner, Ärzte und ayurvedische Heiler? Woraus wird gute Naturkosmetik hergestellt? Wie mit Kräutern und Gewürzen kochen und Tees zubereiten? In der Gewürz-Pagode können Pflanzen, Kräuter und Gewürze gekostet und erworben werden.
Kräuterpark Harz, Schultal 1
38707 Altenau
Tel. 05328/91 16 84
www.kraeuterpark-harz.de

15 Hübichenstein

Das Korallenriff im Gebirge

mittel   11 km   3–4 Std.   553 Hm

• Tourencharakter
Mittlere Wanderung (11 km) ohne große Anforderungen; allerdings drohen abseits des Weges Gefahren durch tiefe Erdspalten und Aushöhlungen sowie durch alte Bergbauschächte, die von der Vegetation überdeckt sind

• Orientierung
Einfach, ausreichend markiert und beschildert

• Gipfel
Iberg, 563 m

• Talort
Bad Grund, 295 m

• Ausgangspunkt
Parkplatz Grunder Gefälle an der B242 von Clausthal-Zellerfeld, ca. 4 km vor Bad Grund; man kann die Wanderung um 6 km kürzen, wenn man als Ausgangspunkt den Parkplatz an der Iberger Tropfsteinhöhle oder am Hübichenstein wählt

• Anfahrt mit Bahn & Bus
Die Buslinie 460 fährt von Osterode über Windhausen nach Bad Grund, Haltestelle an der Iberger Tropfsteinhöhle und am Taternplatz (Grunder Fälle); Windhausen bzw. Osterode sind mit der Deutschen Bahn zu erreichen; www.rbb-bus.de

• Gehzeiten
Insgesamt 3–4 Std.; kurze Runde etwa 2 Std.

• Einkehr
Waldgaststätte Iberger Albertturm
Tel. 05327/15 35
geöffnet 10–18 Uhr, freitags geschlossen;
www.iberger-albertturm.de

• Karte
Rad- & Wanderkarte Harzer Bauden Steig & Harzer Försterstieg
Maßstab 1:30 000
www.kk-verlag.de

An geologischen Besonderheiten herrscht im Harz kein Mangel. Viele Plätze dieser erdgeschichtlichen Eigenheiten wurden in früherer Zeit als Kultstätten genutzt und durch Sagen verklärt. So auch der Hübichenstein bei Bad Grund, der geologisch gesehen zu einem Korallenriff gehört, das den ganzen Iberg umfasst. Entstanden ist das Riff im Devon vor 418 bis 359 Millionen Jahren, als Europa südlich vom Äquator lag und von einem tropischen Meer bedeckt war.

Wanderung durch die Erdgeschichte Bei einer Wanderung rund um den Iberg dringen wir tief in die Geheimnisse des Korallenriffs ein. Man muss sogar aufpassen, nicht zu tief einzudringen, denn durch Auswaschungen sind hier zahlreiche Höhlen und Spalten entstanden, die bis zu 100 Meter tief ins Erdinnere abfallen. Der Iberg ist so löcherig wie ein Schweizer Käse, daher sollte man die Wege nicht verlassen und auch nicht die Zäune der Pingen, der alten Schächte, übersteigen.

Wir starten am Parkplatz ❶ **Grunder Gefälle** an der B242 zwischen Clausthal-Zellerfeld und Bad Grund. Auf dem Wanderweg M1 laufen wir leicht bergauf in den Wald, nach 500 Metern am Linksknick des Fahrwegs entdecken wir einen Erlenbruch; den feuchten Boden bedeckt Tannenwedel, das wie Schachtelhalm aussieht, aber zu den Blütenpflanzen gehört. Im Verlauf des weit schwingenden Fahrwegs blicken wir hinab auf Bad Grund.

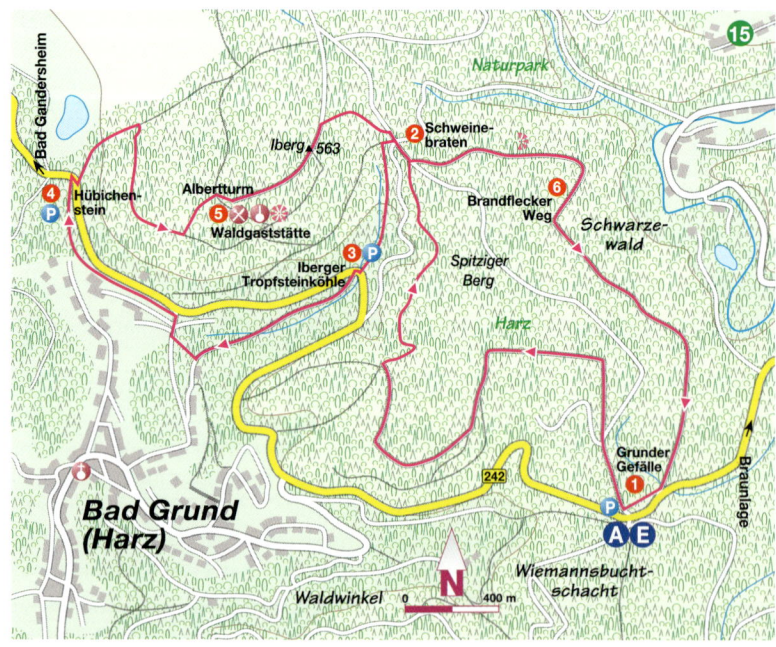

Der Hübichenstein, ein uraltes
Korallenriff im Gebirge

Die älteste Familie der Welt

In der Lichtensteinhöhle im Harzvorland fand man die sterblichen Überreste von 39 Höhlenbewohnern. In der 8 °C kühlen Luft der Grotte hatten sich die Knochen so gut erhalten, dass eine DNA-Analyse vorgenommen werden konnte. Ihr Alter wurde auf 3000 Jahre datiert. Unklar blieb, warum die Menschen dort gestorben sind. In der Bronzezeit wurden die Toten üblicherweise verbrannt. Vielleicht ein Unglück, das sich für die Forschung als Glücksfall herausstellte: Man konnte nach den Nachfahren der Höhlenmenschen suchen und fand, völlig überraschend, über 1000 Nachkommen, die meisten im benachbarten Örtchen Förste. Die Ururenkel der ältesten Großfamilie der Welt treffen sich mittlerweile regelmäßig einmal im Jahr.

Die Lichtensteinhöhle ist leider nicht zugänglich, die Fundstücke können aber im Höhlenerlebniszentrum Iberg besichtigt werden.

Das hölzerne Wildschwein erzählt eine humorvolle Episode aus dem arbeitsreichen Leben der Köhler.

Oben: Eine Köhlerhütte an der Wegkreuzung Schweinebraten

Köhlergeschichten Nach zwei Kilometern stoßen wir auf eine runde Waldlichtung, nach rechts führt ein Weg zum … ❷ **Schweinebraten** – heißt das wirklich so? Der Pfad wird schmaler und windet sich am Berghang entlang durch ansehnlichen Buchenwald. Noch 1,5 Kilometer und der Schweinebraten ist erreicht. Am Wegkreuz entdecken wir eine lebensgroße hölzerne Wildsau und dabei eine Tafel, die uns eine herrliche Geschichte verrät: Den hier hausenden Köhlern fiel eines Nachts eine Wildsau in die heiße Grube, sodass sie anderntags den Braten einfach servieren konnten. Ein so außergewöhnlicher Glücksfall für die armen Köhler hinterließ diesen lukullischen Namen. Vom Schweinebraten laufen wir links bergab zur ❸ **Iberger Tropfsteinhöhle** … Entschuldigung, zum Höhlenerlebniszentrum. Außer der sehenswerten Tropfsteinhöhle mit ihren farbigen Stalagmiten und Stalaktiten und einem »versteinerten« Wasserfall erfahren wir auch alles über den Iberg und seine Vergangenheit als Korallenriff. Damit nicht genug: Eine weitere Ausstellung informiert über die menschlichen Bewohner in der Bronzezeit, die man hier stolz als älteste Familie der Welt präsentiert (siehe Kasten).

Die alten Geister An der Tropfsteinhöhle überqueren wir die B242 und wandern auf der König-Hübich-Route durchs Teufelstal zum ❹ **Hübichenstein**, den wir nach zwei Kilometern erreichen. Die Felsnadel wurde also nach einem König Hübich benannt, der ein Zwergenkönig war und jeden im Fels gefangen hielt, der versuchte, diesen zu besteigen. Mit dem Dreißigjährigen Krieg hatte der Spaß ein Ende, denn die kaiserlichen Truppen nutzten den Hübichenstein als eine Art Truppenübungsplatz und vergraulten damit alle Zwerge, Gnome und Elfen. Seither kann die 45 Meter hohe Felsnadel gefahrlos bestiegen werden; sogar Johann Wolfgang von Goethe kletterte 1784 hinauf. Seit 1897 wird die Felsspitze von einem metallenen Adler bewacht. Zu Walpurgis jedoch erscheinen die alten Geister wieder und feiern auf der Naturbühne unterhalb der Felsnadel mit Rock-Live-Music, Flohmarkt und Fackelumzug. Vom Hübichenstein führt an der B242 ein ausgeschilderter Weg hinauf zum ❺ **Albertturm**, der auf 563 Meter Höhe den Iberg krönt. Am Wegrand bemerken wir tiefe Erdspalten und Gletschertöpfe, schachtartige Auswaschungen. In der Nähe des Albertturms entstand ein neuer Aussichtspunkt zum Kalksteinabbau am Iberg. Das mehrere Hundert Meter starke Korallenriff liefert nicht nur den Stoff für Sagen, sondern auch wertvollen Kalk, der hier in großer Menge schon seit 1938 abgebaut wird. Im Steinbruch wurden bei archäologischen Untersuchungen 50 mittelalterliche Bergbauhalden und ein Eisenschmelzplatz nachgewiesen. Schautafeln informieren ausführlich über die Bergbaugeschichte am Iberg sowie über den Stand der Forschungsarbeiten.

Wege am Iberg Vom Albertturm folgen wir dem Fahrweg in Richtung Wildemann. Nach einem halben Kilometer zweigt rechts ein Waldweg ab, der uns über Stock und Stein wieder zum ❷ **Schweinebraten** zurückführt. Wer vom Parkplatz ❸ **Tropfsteinhöhle** oder Parkplatz ❹ **Hübichenstein** gestartet ist, kann jetzt abkürzen. Um vom Schweinebraten zu unserem Ausgangspunkt zu gelangen, müssen wir den Weg geradeaus in Richtung Taternplatz einschlagen. Nach 100 Metern wählen wir die Route links über den ❻ **Brandflecker Weg** (2,6 Kilometer). Schon bald öffnet sich ein schöner Ausblick nach Osten auf den sagenumwobenen Wurmberg, unverwechselbar durch die Sprungschanze auf seinem Gipfel. Etwas kürzer (2,2 Kilometer), aber auch steiler gestaltet sich die Route über den Spitziger Berg.

Wanderung durch die Erd- und Menschheitsgeschichte in der Iberger Tropfsteinhöhle

16

Alter Dammgraben

Auftanken am Harzer Wasserregal

mittel | 13 km | 4–4.30 Std. | 351 Hm

• **Tourencharakter**
Mittlere Tour (13 km) durch ein ausgedehntes Waldgebiet, teilweise auf wurzelreichen Wegen; nur nach Altenau ein etwas steilerer An- und Abstieg

• **Orientierung**
Überwiegend einfach durch die Kennzeichnung WasserWanderWeg (Symbol Blaues Wasserrad); vor und nach Altenau ist eigenes Orientierungsvermögen hilfreich

• **Höchster Punkt**
Rotenberger Pumpwerk, 601 m

• **Tiefster Punkt**
Altenau, 471 m

• **Ausgangspunkt**
Dammhaus an der B242, 558 m

• **Anfahrt mit Bahn & Bus**
Die Regiobuslinie 840 von Sankt Andreasberg nach Clausthal-Zellerfeld hält am Sperberhaier Dammhaus; www.rbb-bus.de

• **Gehzeiten**
Dammhaus–Polsterberger Hubhaus 2 Std., Polsterberger Hubhaus–Altenau 1 Std., Altenau–Dammhaus 1–1.30 Std.; insgesamt ca. 4–4.30 Std.

• **Einkehr**
Polsterberger Hubhaus
Polsterberg 1
38678 Clausthal-Zellerfeld
Tel. 05323/55 81
www.polsterberger-hubhaus.harz.de

• **Karte**
Nordwestharz
Wandern und Radwandern am Oberharzer Wasserregal
Maßstab 1:25 000
ISBN 978-3-937929-75-0
www.kk-verlag.de

Wassergräben, Teiche und unterirdische Wasserläufe – wie ein Adergeflecht umgürten sie die Gebiete der alten Bergbaustädte Clausthal-Zellerfeld, Hahnenklee und Sankt Andreasberg. Das einzigartige Oberharzer Wasserregal, ein Meisterwerk ingenieurtechnischer Leistungen vergangener Tage, wurde 1978 zum Kulturdenkmal und im Jahr 2010 zum Weltkulturerbe erhoben.

Seit Menschengedenken werden im Harz wertvolle Erze und Mineralien, hauptsächlich Silber und Blei, aber auch Kupfer und Eisen, aus den Bergen an das Licht des Tages gefördert. Dabei entwickelten die Bergleute eine Kunstfertigkeit, die dem heutigen Menschen, an Strom aus der Steckdose, an GPS-Navigation und Handy gewöhnt, wie reine Magie erscheinen muss. Natürlich handelt es sich um eine frühe und umso erstaunlichere Ingenieurskunst, die gleich zweifach die Auszeichnung als UNESCO-Weltkulturerbe erhielt: zum einen das sehenswerte historische Bergwerk am Rammelsberg bei Goslar und zum zweiten das Oberharzer Wasserregal, ein System von über 120 künstlich angelegten Teichen, die durch insgesamt 500 Kilometer Wassergräben, 30 Kilometer unterirdische Wasserläufe und 18 Kilometer hölzerne Rinnen unter-

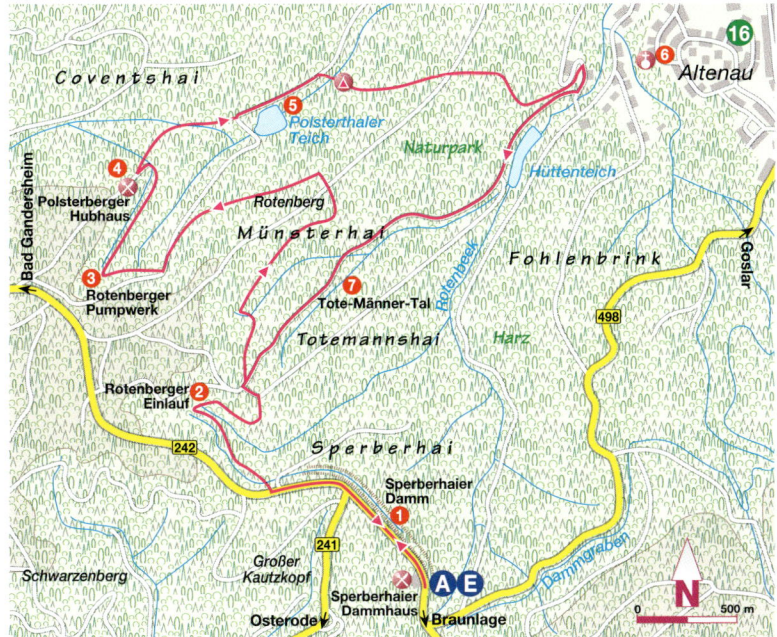

Natternkopf

Ob die blauen Blüten des Natternkopfs (Echium vulgare) – im Volksmund auch Blaue Ochsenzunge, Himmelbrand, Stolzer Heinrich – wirklich gegen Schlangenbisse helfen, darf bezweifelt werden. Aber es wird ihm nachgesagt, dass ein Tee, aufgebrüht aus frischem oder getrocknetem Kraut, bei Atemwegserkrankungen und Erkältungen, auch bei Kopfschmerzen helfen soll. Ein Umschlag mit einem Brei aus den blühenden Spitzen wird zur Behandlung von Nagelbettentzündungen, Furunkeln und Abszessen empfohlen. Verwandt mit Borretsch und Beinwell weist er ähnliche Heilwirkung auf, etwa bei Hautproblemen oder Verletzungen des Bewegungsapparats. Leider wird der Natternkopf in der Pflanzenheilkunde kaum eingesetzt.

einander verbunden sind. Der Bau der Anlage begann bereits im 16. Jahrhundert; doch haben der Erfindungsreichtum und das Geschick der Harzer Bergleute Auswirkungen bis auf den heutigen Tag. An der Technischen Universität in Clausthal-Zellerfeld studieren 3500 Studenten unter der Anleitung von 1100 Mitarbeitern Natur-, Ingenieur- und Wirtschaftswissenschaften. Rund um die alten Bergbaustädte Clausthal-Zellerfeld, Hahnenklee und St. Andreasberg sind zahlreiche Anlagen des Wasserregals als Kulturdenkmal geschützt und werden teilweise funktionsfähig gehalten. Schautafeln erläutern Funktion und Geschichte dieses technischen Wunderwerks.

Der große Damm Eines der auffälligsten und beeindruckendsten Bauwerke ist der ❶ Sperberhaier Damm, das größte Aquädukt im Harz, das 600 Harzer Bergleute in nur zwei Sommern von 1732 bis 1735 mit Hacke, Schaufel und Schubkarre errichteten. Über den 935 Meter langen Damm, der heute 16 Meter über der Bundesstraße 242 verläuft, floss das Wasser aus dem regenreichen Bruchberg- und Brockengebiet zu den Gruben Dorothea und Caroline in Clausthal-Zellerfeld. Über den Sperberhaier Damm führt der ausgewiesene Wanderweg Alter Dammgraben, der auch hier am Dammhaus beginnt … ein wunderbarer Auftakt. Auf den Spuren vorindustrieller Ingenieurskunst laufen wir über die üppig mit Wildblumen gesäumte Dammkrone; erst im letzten Drittel tritt der in Stein gefasste Wassergraben zutage. Wir folgen dem unter dunklen Fichten leicht dahinfließenden Wasser, bis es am ❷ Rotenberger Einlauf in einem unterirdischen Wassertunnel verschwindet. Im 19. Jahrhundert wurden dieser und vier weitere unterirdische Wasserläufe angelegt. Ein Gitter vor dem Einlauf verhindert die Verstopfung und das Eindringen in die 770 Meter lange Röhre, nur Fledermäuse haben freien Zutritt. Durch die unterirdischen Wasserläufe konnte der Dammgraben stark verkürzt werden, die ursprüngliche Führung des Grabens um einen Bergrücken wurde trockengelegt, ist aber heute noch gut zu erkennen. Der

Der Alte Dammgraben in Höhe
des Polsterberger Hubhauses

Wanderweg folgt dem Alten Dammgraben, der mit dem Symbol des Blauen Wasserrads gekennzeichnet ist. Neben dem teilweise zugewachsenen Graben verläuft der wurzelreiche Waldweg.

Pumpwerk und Hubhaus Nach etwa 1,5 Kilometern kreuzen wir einen Forstweg und gelangen auf eine idyllische Lichtung. An deren Ende wenden wir uns nach links. Noch einmal überqueren wir einen Forstweg und erreichen schließlich das ❸ Rotenberger Pumpwerk. In späterer Zeit nutzte man das Oberharzer Graben- und Speichersystem auch zur Erzeugung von elektrischer Energie. Damit wurde bis 1980 das Rotenberger Pumpwerk betrieben, das Wasser gelangt durch den anfangs beschriebenen Rotenberger Einlauf hierher und fließt in einem steingefassten Wassergraben weiter zum ❹ Polsterberger Hubhaus. Das im 18. Jahrhundert errichtete Hubhaus liegt oberhalb des Weges an einem Grashang, seine Pumpen wurden von zwei Wasserrädern im Polsterthal angetrieben und mittels Feldgestänge von 530 und 260 Meter Länge übertragen. Heute beherbergt es ein Gasthaus, das aber am Wanderweg nicht ausgeschildert ist. Seine Küche orientiert sich an der Slow-Food-Bewegung.

Richtungswechsel Am Polsterberger Hubhaus verlassen wir den Wanderweg Alter Dammgraben und wählen den Weg rechts durch das Polsterthal nach Altenau. Der Wasserwanderweg Polsterthal beginnt am Hubhaus und führt an den beiden Radstuben vorbei, in denen sich die Wasserräder für das Polsterberger Hubhaus drehten. Nicht mehr vorhanden sind die beiden erstaunlich langen Feldgestänge, die Wasserrad und Pumpen miteinander verbunden haben; sie wurden schon 1834 durch Züge aus Stahlseilen ersetzt. Der Waldweg mündet beim ❺ Polsterthaler Teich auf einen Fahrweg, dem wir geradeaus bis zum Campingplatz folgen. Hier biegen wir rechts ab, überqueren den Campingplatz und schlagen den steilen Waldweg in Richtung Altenau ein, am Ortsanfang von ❻ Altenau rechts auf die Asphaltstraße, von der nach 200 Metern ein Fahrweg abzweigt. Er führt am Hüttenteich vorbei, steigt gleichmäßig an durchs ❼ Tote-Männer-Tal in Richtung Dammhaus. Zwischen altem Ahorn leuchten die roten Früchte des Vogelbeerbaums, die Vegetation strotzt hier vor Kraft, wohl durch die Feuchte des Tals begünstigt. Nach drei Kilometern erreichen wir wieder den Alten Dammgraben, an der Kreuzung kurz hinter dem ❷ Rotenberger Einlauf. Es braucht einen Moment, bis man sich orientiert hat und den zu Beginn der Wanderung bereits beschrittenen Weg wiedererkennt. Ihm folgen wir zurück zum Dammhaus am Sperberhaier Damm.

Wasser durch Wasser heben

Der Bau des Harzer Wasserregals begann bereits im 16. Jahrhundert; es stellte gleichbleibend Wasser zur Verfügung für den Antrieb großer Wasserräder, mit deren Hilfe man Erz und Abraum aus den Gruben beförderte. Zum Teil wurden diese Wasserräder auch unterirdisch in den Schächten eingesetzt. Wasser hat für den Bergbau zwei Seiten: Einerseits bot es die Möglichkeit, Wasserräder und andere Maschinen, in der Sprache der Bergleute »Künste« genannt, zu betreiben, andererseits bestand die Notwendigkeit, Schächte und Stollen trocken zu halten. Wasser musste also abgeschöpft werden. Dazu verwendeten die sogenannten »Wasserknechte« aus Leder gefertigte Eimer. »Wasser durch Wasser heben« lautete die Losung.

Das Wasserrad treibt eine Pumpe über Feldgestänge an.

17 Sankt Andreasberg

Zwischen Vulkan und Neptun

mittel   10 km   3–4 Std   ⇅ 348 Hm

• **Tourencharakter**
Verhältnismäßig anstrengende, mit
knapp 10 km nicht zu lange Tour,
die größtenteils auf holprigen Pfaden verläuft; der Abstieg zum Goetheplatz ist eine Herausforderung –
schön, aber nicht ungefährlich

• **Orientierung**
Einfach

• **Gipfel**
Rehberg, 893 m; Kleiner Sonnenberg, 853 m; beide Gipfel werden
nicht angelaufen

• **Talort**
Sankt Andreasberg, 500–720 m

• **Ausgangspunkt**
Erster Parkplatz an der Landstraße
Sankt Andreasberg–Sonnenberg
(L519), 712 m

• **Anfahrt mit Bahn & Bus**
Sankt Andreasberg wird von den
Regiobuslinien 840 (Clausthal-
Zellerfeld–Altenau–Sankt Andreas-
berg) angefahren; der Bus hält am
Internationalen Haus Sonnenberg,
unweit des Ausgangspunkts

• **Gehzeit**
3–4 Std.

• **Karte**
Harzer Hexenstieg
Maßstab 1:30 000
ISBN 978-3-936185-32-4
www.schmidt-buch-verlag.de

Die Berge um den höchstgelegenen Luftkurort Sankt Andreasberg erreichen eine beachtliche Höhe, vom Brockengebiet nur durch das tief
eingeschnittene Tal der Oder getrennt. Als Wintersportgebiet beliebt,
verlocken der Rehberg (893 m) sowie der Kleine Sonnenberg (853 m)
auch im Sommer zu ausgedehnten Wanderungen auf wenig bekannten Wegen, über steile Klippen und durch blühende Bergwiesen.

Einsamkeit so nah Wir überqueren die Fahrbahn am ❶ **Parkplatz an der
Landstraße nach Sonnenberg** und laufen nur kurz auf einem asphaltierten
Weg in Richtung Rehberger Grabenhaus. Nach 500 Metern erreichen wir ein
Wehr an einem Wasserlauf und wenden uns nach links. Auf dem Waldweg
geht es am glasklar perlenden Bach entlang in Richtung Oderteich (16E), nur
250 Meter, dann rechts auf einem Wurzelstieg bergauf. Der Waldweg überquert einen Schotterweg, verläuft ein Stück parallel zur Landstraße, wendet
sich dann nach rechts und steigt auf etwas bequemerem Pfad durch einen
jungen Fichtenwald weiter bergan.

Eine herrliche Wanderung An einem Wegkreuz wandern wir weiter geradeaus auf breitem Wiesenweg (weiterhin 16E), rechts sprießt eine meterhohe
Blaubeerpracht und verlockt zu einer Kostprobe. Blau strahlt der Himmel,
die Sonne lacht … kein Wunder, wir nähern uns dem ❷ **Kleinen Sonnen-**

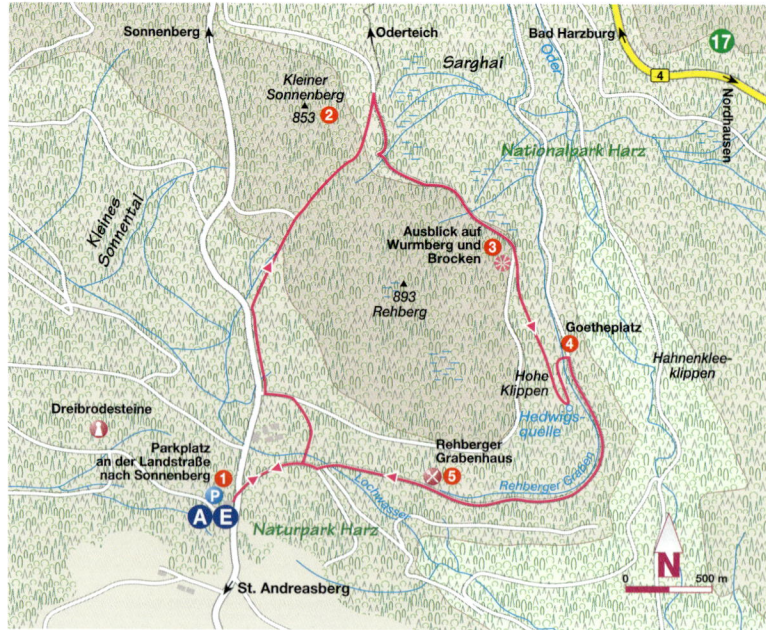

Goethe und die Wissenschaft

Johann Wolfgang von Goethe hatte sich auf seiner zweiten Harzreise am 22. September 1783 zur Gesteinswand führen lassen; der Platz trägt jetzt seinen Namen. Der Dichter stieg sogar auf die Schulter seines Begleiters, um das hier vorkommende Kontaktgestein aus hellem Granit und dunklem Hornfels besser betrachten zu können. Er entdeckte einen Beweis seiner neptunistischen Theorien und eine angemessene Tischplatte für sein Gartenhaus an der Ilm obendrein. Goethe war zeitweise mehr an den Naturwissenschaften als an seiner Poesie interessiert und als zuständiger Minister für Bergbau im Herzogtum Weimar in Geologie gewiss kein Laie. In den damals erst aufblühenden Wissenschaften tobte ein Streit zwischen Vulkanisten und Neptunisten, ob das Erdgestein durch Ablagerungen aus dem Meer entstanden sei oder durch Vulkanismus. Goethe war entschiedener Neptunist und fand am Rehberg die vermeintliche Bestätigung seiner Annahme. Auch wenn Goethes naturwissenschaftliche Auffassungen heute keinen Bestand mehr haben, schätzen moderne Menschen seine ganzheitliche Weltsicht – »was die Welt im Innersten zusammenhält« – höher als alle rationalen Erkenntnisse.

berg. Bergab geht es auf einem extrem stolprigen Pfad, der bei Schneeschmelze und Regengüssen auch als Wasserabfluss herhalten muss. Da läuft es sich nebendran über einen federnden Fichtennadelteppich doch leichter. An der Einmündung auf einen Schotterweg müssen wir uns entscheiden, ob wir weiter zum nur 1,8 Kilometer entfernten Oderteich laufen und dort ein erfrischendes Bad nehmen oder lieber gleich zum Goetheplatz wandern. Der Oderteich ist uns eine eigene Erkundung wert (Tour 18) und so wenden wir uns nach rechts. Der Fahrweg steigt nur leicht, aber beständig an – nach der langen Holperpiste dennoch eine Erholung. Nach 1,5 Kilometern öffnet sich ein beeindruckender ❸ **Ausblick auf Wurmberg und Brocken**, dessen kahle Kuppe von der steinigen Achtermannshöhe fast verdeckt wird. Gleich hinter dem Aussichtspunkt wird es wieder urig. Links klettern wir auf einem Waldweg bergab, zwischen umgestürzten Bäumen, über Bäche hinweg, am Hang entlang durch hohen Tann. Einfach herrlich! Im Zick-Zack geht es den Berghang hinunter. Über uns glänzen die Hohen Klippen, auf der anderen Seite des Odertals erblicken wir die markanten Hahnenklee-Klippen. Nach diesen zwei Kilometern, die uns allerdings sehr lang vorkommen, erreichen wir den ❹ **Goetheplatz** (siehe nebenstehenden Kasten).

Der Rest ist pure Erholung Neben dem Rehberger Graben verläuft gleichmäßig ein breiter Forstweg, auf dem wir durch die herrliche Landschaft des Nationalparks wandern. Am ❺ **Rehberger Grabenhaus** findet man die richtige Stärkung nach der anstrengenden Tour, zurück zum Ausgangspunkt ist es dann nur noch ein Kilometer.

18 Oderteich

Vom Sonnenberg zum Sonnentau

leicht | 10 km | 4 Std. | ↑↓ 159 Hm

• **Tourencharakter**
Einfache Wanderung durch die Oberharzer Moorlandschaft, nur am südlichen Rand des Sonnenberger Moors zeitweise sumpfig, ansonsten völlig problemlos

• **Orientierung**
Einfach; das Wegegebot im Nationalpark Harz gestattet nicht das Verlassen der Wanderpfade aus Gründen des Naturschutzes, aber auch zur eigenen Sicherheit; ungehinderte Ausblicke über die waldfreien Hochmoore öffnen sich nur an wenigen Stellen

• **Höchster Punkt**
Clausthaler Flutgraben, 840 m

• **Tiefster Punkt**
Oderteich, 725 m

• **Ausgangspunkt**
Parkplatz in Sonnenberg, an der Einmündung der Landstraße von Sankt Andreasberg auf die B242

• **Anfahrt mit Bahn & Bus**
Mit der Deutschen Bahn nach Bad Harzburg, per Bus nach Braunlage und mit der Buslinie 820 nach Sankt Andreasberg bis Sonnenberg; www.kvg-braunschweig.de

• **Gehzeiten**
Sonnenberg–Oderteich 30 Min., Deich–Nordspitze Oderteich 1 Std., Nordspitze Oderteich–Clausthaler Flutgraben 1 Std., zurück bis Sonnenberg 1.30 Std.; insgesamt ca. 4 Std.

• **Karte**
Harzer Hexenstieg
Maßstab 1:30 000
ISBN 978-3-936185-32-4
www.schmidt-buch-verlag.de

Von den vielen schönen Seen und Teichen im Harz erfreut sich der Oderteich zwischen Braunlage und Clausthaler-Zellerfeld größter Beliebtheit. Aus einfachem Grund: Hier kann und darf man baden. Dem wahren Naturfreund jedoch bietet die Landschaft am Oderteich darüber hinaus eine spannende Wanderung durch das botanisch bemerkenswerte und geheimnisvolle Sonnenberger Moor.

An warmen Sommertagen reiht sich buntes Blech auf dem Parkplatz Oderteich an der B242. Wir beginnen daher unsere Wanderung direkt im Örtchen ❶ Sonnenberg, zwei Kilometer weiter, das eigentlich nur aus zwei Gast-

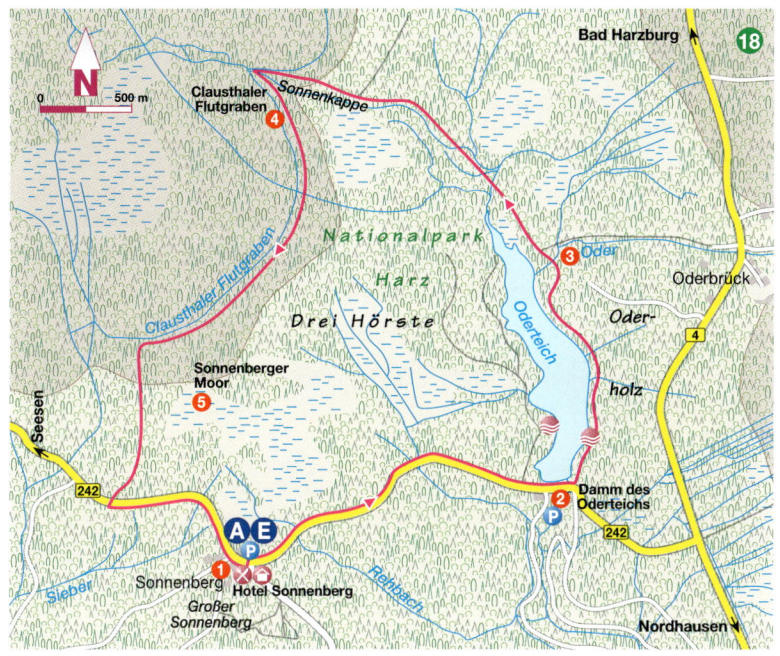

Sonnentau

Der Sonnentau (Drosera rotundifolia) zählt zu den fleischfressenden Pflanzen. An seinen roten Tentakeln bleiben Insekten kleben, von denen sich das Moorgewächs ernährt. In der Heilkunde wurde der rundblättrige Sonnentau zur Behandlung von Husten und Lungenentzündung eingesetzt; gegen Zahnschmerzen, Sonnenbrand und Schwermut soll er ebenfalls geholfen haben. Auch galt er als Aphrodisiakum. Damit nicht genug der wundersamen Wirkung: Im Mittelalter versuchten die Alchimisten mit seiner Hilfe Gold herzustellen; Jäger schossen besser, wenn sie Sonnentau mit sich führten. Auf Sammeln und Pflücken der seltenen Pflanze muss man jedoch verzichten, alle bei uns vorkommenden Arten stehen unter Naturschutz.

häusern, dem Biathlonleistungszentrum und Parkplatz besteht. Ein hölzerner Torbogen eröffnet den Weg durch den südlichen Teil des Sonnenberger Moors Richtung Oderteich. Als Bohlensteg verläuft er anfangs durch einen Fichten-Moorwald parallel zur Bundesstraße. Schon nach einer halben Stunde erreichen wir den ❷ **Damm des Oderteichs**, in den Jahren von 1715 bis 1722 errichtet. 170 Jahre war der Oderteich die größte Talsperre Deutschlands.

Oderteich and more Wir überqueren die Deichkrone und wandern am Ostufer durch einen Wald mit über 300 Jahre alten Fichten, bis wir wieder zu einem Bohlensteg gelangen, ein Schutz für die sensible Vegetation. Üppiges Moos bedeckt den vom Stauwasser feuchten Boden, auch der rundblättrige Sonnentau, eine fleischfressende Pflanze, wächst hier. Der Weg wendet sich nach links und überquert zwei Zuflüsse zum Teich: die ❸ **Oder** und danach die Rotebeek. Von hier kann man am Westufer des Oderteichs zurück zur Staumauer laufen, wir aber folgen der Ausschilderung Sonnenberg über die Sonnenkappe, bergauf zum ❹ **Clausthaler Flutgraben**. Der Flutgraben gehört zum Kulturdenkmal Oberharzer Wasserregal und wurde 1827 angelegt. Wir begleiten den Flutgraben in Richtung Sonnenberg. Über einen Bruchwald hinweg, der seinen romantischen Anblick dem Borkenkäfer verdankt, erkennen wir die Gipfel von Brocken und Achtermann. Dann weicht der Wald ganz zurück, das 100 Hektar große ❺ **Sonnenberger Moor** liegt vor uns, das eindrucksvollste und wildeste Moor im Harz. Es wird von einer Reihe kleiner Moorweiher durchzogen, die durch den Einsturz der Torfschicht über einem unterirdischen Bachlauf entstanden sind. Im offenen Hochmoor leuchten die weißen Büschel des Wollgrases zwischen dominantem Pfeifengras. Es ist alles andere als ungefährlich, den Weg zu verlassen: Die althergebrachten Geschichten vom schaurigen Moor könnten hier wahr werden. Am westlichen Rand des Sonnenberger Moors laufen wir bis zur B242 und entlang der Bundesstraße noch einen halben Kilometer zum Ausgangspunkt zurück.

19 Lonau

Auf der Fährte des Auerhahns

leicht   8 km   2–3 Std.   515 Hm

• **Tourencharakter**
Einfache Rundwanderung (8 km)
auf weitgehend guten Wegen mit
nur geringen Höhenunterschieden

• **Orientierung**
Einfach; die beschriebene Wanderung ist nicht identisch mit dem
ausgeschilderten Lonauer Rundweg, verläuft aber teilweise auf
gleichen Pfaden

• **Höchster Punkt**
Heuerblick, 453 m

• **Talort**
Lonau, 331 m

• **Ausgangspunkt**
Wanderparkplatz hinter dem
Waldschwimmbad und Camping-
platz Lonau

• **Anfahrt mit Bahn & Bus**
Bis Herzberg mit der Deutschen
Bahn, von Herzberg fährt die
Buslinie 451 nach Lonau;
www.vsninfo.de
www.bahn.de

• **Gehzeit**
Etwa 2–3 Std.

• **Einkehr**
Im Ort Lonau gibt es mehrere
Gaststätten

• **Karte**
KOMPASS WK 450
Harz (2 Karten)
Maßstab 1:50 000
ISBN 978-3-85026-112-8
www.kompass.de

Wandern auf die ganz sanfte Tour, das verspricht ein Höhenweg rund um Lonau. Dieses abgelegene Harzdorf, eingebettet in Wiesen und buchenbewachsene Berge, ist ein Kraftquell für Leib und Seele. Dem stark gefährdeten Auerhuhn, der Wappenvogel des Nationalparks Harz, Sinnbild von Kraft und Romantik, wird hier im Auerhuhngehege eine Überlebenschance gewährt.

Im Mariental Am Parkplatz hinter dem Waldschwimmbad endet die Dorf-straße; hier beginnt unsere Wanderung rund um Lonau. Wir laufen ein paar Hundert Meter zum Ort zurück und biegen am ❶ Waldschwimmbad halb-rechts in die Brakbergstraße ein; der gleichmäßig ansteigende Fahrweg ist nicht als Wanderweg gekennzeichnet. Nach knapp zwei Kilometern kommt das ❷ Auerhuhngehege in Sicht.

Das Auerhuhn Einst in den deutschen Wäldern beheimatet, war es im Harz schon 1930 ausgerottet. In Lonau werden die seit 1979 gezüchteten Hühner-vögel in die freie Wildbahn der Hochlagen des Harzes im Bereich Torfhaus, Königskrug und Bruchberg entlassen. Trotzdem geht ihre Zahl zurück, da ihr natürlicher Lebensraum durch Sturmschäden größtenteils vernichtet wurde. Hinzu kommt, dass der Fuchs, der ärgste Feind des Auerhuhns, nicht mehr gejagt wird. Im Schaugehege Lonau aber können der prächtige Auerhahn,

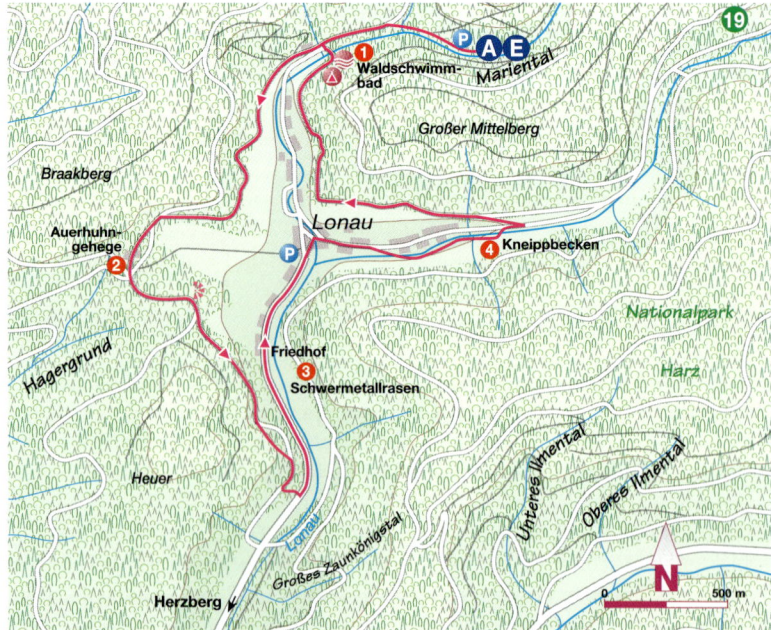

aber auch Birk- und Haselhühner jederzeit bestaunt werden. Der balzende Auerhahn gilt als Urbild deutscher Romantik, doch werden ihm seit der Antike allerlei Geschichten nachgesagt. So soll seine Galle zusammen mit Honig gegen Augentrübung helfen, ein Rezept, das wir schon aus Gründen des Naturschutzes nicht empfehlen. Unbestritten ist die Aggressivität des Hahns während der Balz; selbst Waldarbeiter und Pferde werden attackiert. Und wenn sein Balzrufen in den frühen Morgenstunden ausbleibt (so berichten erfahrene Jäger), regnet es in den nächsten vierundzwanzig Stunden.

Der Auerhahn, das Wappentier des Harzes, ist stark gefährdet. Unten: Eine unglaubliche Idylle, das abgelegene Harzdorf Lonau

Heavy Metal Vom Auerhuhngehege gehen wir weiter auf der Brakbergstraße über herrliche Bergwiesen mit schönen Ausblicken auf Lonau. Nach einem Kilometer führt links ein Waldweg hinab zur Straße nach Herzberg – hier links zur Brücke, über den Fluss und weiter auf einem Fußweg durch das Tal der Lonau. Auf den Auwiesen entdecken wir rechter Hand einen von niedrigem Maschendraht umgrenzten ❸ Schwermetallrasen. Solche Schwermetallrasen entstehen auf natürliche Weise nur dort, wo erzhaltige Gesteine bis an die Oberfläche vordringen, wie es im Harz früher häufig der Fall war. Heute findet man solche Wiesen zumeist als Folge der Umweltbelastung durch Schlacken ehemaliger Eisenerzhütten. Auch in Lonau stand an dieser Stelle von etwa 1550 bis 1890 eine Eisenhütte mit einem Hochofen und einer angeschlossenen Gießerei. Auf dieser Fläche gedeihen an Schwermetalle angepasste Pflanzen, beispielsweise bestimmte Leimkrautarten.

Am Friedhof überqueren wir abermals die Lonau, laufen auf der Straße ins Dorf und biegen rechts ins Kirchtal ab. Bei dem kleinen Parkplatz überqueren wir auf einem schmalen Brückchen den Fluss und folgen ihm zu einer Kuranlage mit gepflegten ❹ Kneippbecken. Nach dem Eintauchen ins belebende, kalte Nass steigen wir auf der anderen Bachseite über den Schwimmbadweg in den Wald hinauf und gelangen zum ❶ Waldschwimmbad zurück.

Scharzfeld

Heiligtümer unserer Vorfahren

mittel	11 km	4 Std.	↕ 477 Hm

• Tourencharakter
Mittlere Wanderung, die leicht in zwei Teile gesplittet werden kann, jeweils eine Runde zur Einhornhöhle und zur Steinkirche; recht anspruchsvoll ist der Abstecher auf den Großen Knollen, für den zusätzlich 8 km zu absolvieren sind

• Orientierung
Die Wanderwege und alle Sehenswürdigkeiten sind ausgeschildert

• Höchster Punkt
Göttinger Hütte, 433 m

• Talort
Scharzfeld, 246 m

• Ausgangspunkt
Waldparkplatz Einhornhöhle, 386 m, der von Scharzfeld ausgeschildert ist

• Anfahrt mit Bahn & Bus
Der nächste Bahnhof der Deutschen Bahn befindet sich in Bad Lauterberg-Barbis, von hier zu Fuß oder vom Bahnhof Herzberg mit der Regiobuslinie 450 nach Scharzfeld; www.bahn.de

• Gehzeiten
Waldparkplatz–Göttinger Hütte–Burgruine Scharzfels–Einhornhöhle 2 Std., Einhornhöhle–Schulbergklippe–Steinkirche–Waldparkplatz 2 Std.; insgesamt ca. 4 Std.; Abstecher Großer Knollen zusätzlich 2–3 Std.

• Einkehr
Schlossberghütte
Burgruine Scharzfels
37431 Bad Lauterberg
Tel. 05524/99 70 99
www.burgruine-scharzfels.de

• Karte
Rad- & Wanderkarte Harzer Baudensteig & Harzer Försterstieg (2-seitig)
Maßstab 1:30 000
ISBN 978-3-86973-025-7
www.kk-verlag.de

Schon zum Ende der letzten Kaltzeit war die Waldregion zu Füßen des Großen Knollen, eines ehemaligen Vulkans, von Rentierjägern besiedelt. Natürliche Höhlen, Klüfte und Felsüberhänge wurden als Wohnstätten, aber auch für kultische Handlungen genutzt. Ein Besuch der Einhornhöhle und der mystischen Steinkirche in Scharzfeld lässt sich mit der Besteigung des Großen Knollen verknüpfen.

Mitten im Wald am Parkplatz Einhornhöhle beginnt unsere Wanderung. Jedoch entschließen wir uns nicht gleich für eine Höhlenbesichtigung, sondern wenden uns in Richtung Göttinger Hütte/Großer Knollen und erreichen bald die etwas verborgen unterhalb des Weges liegenden ❶ **Rottsteinklippen**. Der Fels kargt hier über – man nennt dies Abri – und bildet so ein Schutzdach, unter dem die Steinzeitmenschen Zuflucht suchten. Angelehnt an die überhängenden Felsen errichteten sie Hütten aus Knochen, Holz und Fell. In dieser Gegend sind Abri und Kleinhöhlen keine Seltenheit, entsprechend zahlreich auch die archäologischen Funde.

Hinter den Rottsteinklippen geht es weiter Richtung Großer Knollen. Wir schlagen links einen etwas zugewachsenen Waldpfad ein und erreichen die ❷ **Göttinger Hütte** mit dem schönen Ausblick auf den 687 Meter hohen Großen Knollen, einen ehemaligen Vulkankegel. Ein Wegweiser gibt eine Entfernung von 4,1 Kilometer an, diese Höhe erscheint bezwingbar. Der Weg

führt zunächst bergab, dann über den Schnabelweg beständig bergan. Immerhin lockt den konditionsstarken Bergwanderer auf dem Gipfel eine Baude mit Gaststätte und ein 20 Meter hoher Aussichtsturm. Nach einer Pause kehren wir auf gleichem Weg zurück, nur das letzte Stück führt jetzt geradeaus zu einer ❸ **Kreuzung von fünf Wegen**.

Wem der Sinn eher nach den Tiefen denn nach den Höhen des Berges steht, lässt die Besteigung des Großen Knollen aus und wendet sich in die andere Richtung, nach Scharzfeld. Auf dem breiten Göttinger Weg gelangen wir so nach knapp einem Kilometer ebenfalls an die ❸ **Kreuzung von fünf Wegen**. Wir schlagen den Waldweg in Richtung Burgruine Barbis ein, der bald auf einen Fahrweg mündet. Die Ausschilderung lautet diesmal Burgruine Scharzfels – ihr folgen wir nach rechts. Der Weg, von Gras überwuchert, verengt sich und erreicht nach 800 Metern den Abzweig zum Frauenstein. Der ❹ **Frauenstein**, ein turmartiger Fels aus Dolomit mitten im Wald, diente im Mittelalter als Beobachtungspunkt, befestigt mit einer Ringmauer. Bei der Eroberung der benachbarten Burg Scharzfels wurden auch die Wehranlagen am Frauenstein geschleift. Der Felsturm kann erklettert werden, seine klitzekleine Krone teilen wir mit wilden Erdbeeren und Storchschnabel, um uns herum die Wipfel lichten Buchenwalds; ein erhabenes Gefühl, die geheimen Kräfte der unberührten Natur verleihen uns neue Wanderenergie.

Landschaft im Wechsel der Jahrhunderte Am Weg vom Frauensteinfelsen zur Ruine Scharzfels fällt uns eine mächtige Hainbuche auf, die ❺ **Schäferbuche**. Im 12. Jahrhundert hatte man für den Bau der Burgen den Wald weitgehend abgeholzt und das frei gewordene Land als Weide genutzt. Nur

Die Burgruine Scharzfels macht nicht nur Kinder neugierig.

Unten: Bescheidenheit am Wegrand – das zierliche Schattenblümchen

sogenannte Hutebuchen erhielt man als Wind- und Wetterschutz für die Tiere. Nachdem man die Landwirtschaft im 20. Jahrhundert aufgab, wuchs hier wieder Wald; die Schäferbuche blieb als imposantes Naturdenkmal erhalten. Nicht weit von hier erreichen wir die **❻ Burgruine Scharzfels**, auf einer Felsmauer errichtet. Wann, weiß man nicht genau, wohl aber, dass sie 1761 gesprengt wurde. Über eine lange Freitreppe und durch einen Torgang im Fels steigen wir auf die imposante Burg. Von ihren einstigen Gemächern sind nur die dunklen Höhlen im felsigen Gestein geblieben.

Die Einhornhöhle Weiter führt nun der Weg links zur Einhornhöhle. Es geht steil bergab bis zu einem Schotterweg im Bachgrund, dem Hasenwinkelweg, dann 150 Meter nach rechts, jetzt links über den Bach und weiter bergauf zur 365 Meter langen **❼ Einhornhöhle**. Stündlich beginnen Führungen und wir erfahren, dass sie schon im16. Jahrhundert bekannt war, dass zahlreiche Knochenfunde dem Einhorn zugeschrieben wurden. Das Fabeltier war damals selbst für gelehrte Männer wie Otto von Guericke und Gottfried Wilhelm Leibniz pure Realität. Später kam man zu der Erkenntnis, dass es sich um Bärenknochen handelte; der Name Einhornhöhle jedoch blieb. Die Blaue Grotte, die Licht durch eine Öffnung im Felsdach erhält, wurde nach der Eiszeit von Menschen als frühzeitliche Kult- und Opferstätte genutzt.

Zur Steinkirche Vom Ausgang der Höhle geht es in südlicher Richtung bis zum Karstwanderweg, dem wir nach rechts zwischen Wald und Wiesen bis zu den **❽ Schulbergklippen** folgen. Auch hier finden wir die schon von den Rottsteinklippen bekannten Abri. Der Karstwanderweg führt nun bis zur Bremkestraße in Scharzfeld, der wir ein Stück ins Tal hinein folgen und dann links zum Ritterstein und zur **❾ Steinkirche** aufsteigen, eine mit ihren kahlen Kuppen fast keltisch anmutende Landschaft. Die Steinkirche ist eine tief in den Felsen gehauene Grotte, sie wirkt wie eine große Hallenkirche. Durch einen schmalen Spalt in der Felsendecke fällt himmlisches Licht auf den mit Kerzen besetzten Sandboden. Die Magie des Ortes ist ungebrochen. Nicht zugänglich ist ein Schacht- und Gangsystem unter der Steinkirche. Grabfunde beweisen, dass an der Steinkirche schon vor 15 000 Jahren Rentierjäger ihre Zelte aufschlugen. Vor etwa 1000 Jahren wurde die natürliche Kluft erweitert – der Sage nach vom heiligen Bonifatius persönlich – und diente als christliches Gotteshaus. Mit etwas Phantasie sind Kanzel, Altar und ein Weihwasserbecken erkennbar. Unterhalb der Kanzel entdeckte man 1937 einen Steinsarg mit dem Skelett einer alten Frau. Erzählungen berichten, dass in heidnischer Zeit eine weise Frau die Höhle bewohnte und den Menschen mit Rat und Weissagungen beigestanden habe.

Der Rückweg erfolgt über das Turnvater-Jahn-Denkmal zum **❿ Waldschwimmbad**, weiter auf dem schwarzen Natur-live-Wanderweg durch herrlichen Buchenwald bis kurz vor die **❶ Rottsteinklippen** und von hier zum Parkplatz.

Die Schäferbuche, ein Naturdenkmal im Wandel der Zeit

Magische Augenblicke in der
außergewöhnlichen Steinkirche

21 Ravensberg

Lockere Gipfelwanderung für Genießer

leicht | 7 km | 2 Std. | ↑↓ 266 Hm

....

• Tourencharakter
Einfache Gipfelrunde durch die Forste des Ravensbergs; keinerlei Schwierigkeiten; auch mit Kindern oder für unerfahrene Begleiter gut geeignet

• Orientierung
Einfach, obgleich nicht immer ausgeschildert

• Gipfel
Ravensberg, 659 m

• Talort
Bad Sachsa, 310 m

• Ausgangspunkt
Parkplatz Dreiherrenstein, nur wenig unterhalb des Berggasthofs Ravensberg, von Bad Sachsa ausgeschildert, etwa 4 km

• Anfahrt mit Bahn & Bus
Bad Sachsa gehört zum Schienennetz der Deutschen Bahn; auf den Gipfel des Ravensbergs fahren keine öffentlichen Verkehrsmittel

• Gehzeit
Insgesamt ca. 2 Std.

• Einkehr
Berghof Ravensberg
37441 Bad Sachsa
Tel. 05523/95 38 95
Nur am Wochenende geöffnet,
www.berghof-ravensberg.de

• Karte
Stadtplan und Wanderkarte Bad Sachsa
Maßstab 1:25 000
ISBN 978-3-937929-38-5
www.kk-verlag.de

Der 659 Meter hohe Ravensberg zählt zu den wenigen Gipfeln im Harz, die direkt mit dem Auto erreicht werden können. Von Bad Sachsa führt eine 3,5 Kilometer lange Straße bis zum Berggasthof neben dem Fernmeldeturm. Mehrere Skilifte und eine Rodelbahn sind die Attraktion der Wintermonate. Doch jetzt im Sommer startet am Parkplatz Dreiherrenstein eine blumige Gipfelwanderung.

Den Panoramablick vom Gipfel des erloschenen Vulkans über das südwestliche Harzvorland, den Westharz bis hin zum Brocken, auf der Südseite zum 46 Kilometer entfernten Höhenzug des Kyffhäusers lassen wir uns nicht entgehen – auch nicht ein Bier im ❶ **Gasthaus** auf dem Ravensberg, das hier seit 1848 ausgeschenkt wird. Der benachbarte 64 Meter hohe Fernmeldeturm in Form einer riesigen Zündkerze ist wesentlich jüngeren Ursprungs; er wurde 1970 als Spionageposten zum Abhören des DDR-Funkverkehrs errichtet. Und nun auf zur Wanderung.

Der ❷ **Dreiherrenstein**, unser Ausgangspunkt für die Rundwanderung Nr. 6, markierte die Grenzen zwischen den Königreichen Hannover und Preußen sowie dem Herzogtum Braunschweig, aber nur bis zum sogenannten Deutschen Bruderkrieg 1866; von da an gab es kein Königreich Hannover mehr. Vom Parkplatz Dreiherrenstein laufen wir 1,5 Kilometer zur ❸ **Stephanshütte**, benannt nach dem Erfinder der Postkarte und dem General-

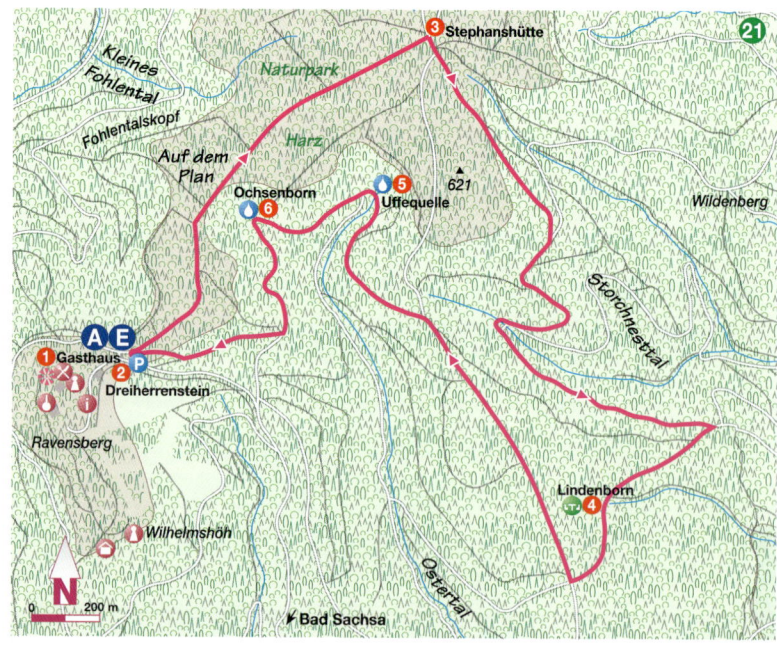

postmeister des Deutschen Reichs, Heinrich von Stephan, der 1884 auf dem Ravensberg sogar eine Poststation gegründet hatte. Tatsächlich war die Stelle aber schon seit 1572 als Steffans-Ecke bekannt.

Von Quelle zu Quelle An der Stephanshütte wenden wir uns nach rechts und wandern drei Kilometer durch das Ziegental bergab bis zur Kreuzung Lindenborn. Hier schlagen wir den Weg in Richtung Bad Sachsa durch das Ostertal ein und kommen nach kurzem Anstieg zum ❹ **Lindenborn**, einem kleinen Rastplatz an einer sanft rieselnden Quelle. Tatsächlich wachsen hier Linden und die tanzenden Sonnenflecke, die durch das dichte Blätterdach dringen, verleihen dem stillen Ort eine schöne Atmosphäre.

Nur wenig weiter bergauf erreichen wir wiederum eine Kreuzung, hier fehlt die Markierung des Rundwanderwegs. Rechts ist richtig! Nach einem Kilometer sanften Anstiegs kreuzen sich abermals die Wege, wir wenden uns nach links Richtung Ravensberg. An der ❺ **Uffequelle** bietet eine Hütte Schutz … die Wetter im Harz sind oft launisch. Der Weg verläuft geradeaus weiter zum ❻ **Ochsenborn**; die murmelnde Quelle versteckt sich unter dichten Farnen. Etwa 400 Meter hinter dem Born zweigt ein romantischer Waldweg zum❷ **Dreiherrenstein** ab, nun sind es nur noch 400 Meter bis zum Ausgangspunkt der sanften Tour. Das letzte Stück ist der einzig schmale Pfad auf dieser Runde, die man auch gut und gerne mit Kind und Kegel schafft.

Die Sage von den Römersteinen bei Nüxei

Aus den Feldern südlich von Bad Sachsa ragen kahle weiße Felszacken hervor: die Römersteine bei Nüxei. Es sind Teile eines großen Korallenriffs. Um diesen Ort rankt eine Sage: Die Burg Sachsenstein bewohnten Zwerge, die mit den benachbarten Riesen verfeindet waren. Die gewitzten Zwerge errichteten zu ihrem Schutz die gewaltigen Römersteine. Der junge Riese Romar und Ruma, die Tochter des Zwergenkönigs, verliebten sich und bekamen einen Sohn. Als der Zwergenkönig dies entdeckte, zerschmetterte er das Kind vor Wut an einem Felsen und verwandelte seine Tochter in einen Bergquell; so entstand die Rhumequelle bei Rhumspringe. Das Wasser der Quelle leuchtet noch heute rot: vom Blut des getöteten Kindes, sagt der Volksmund; von einer bestimmten Algenart, die dem Wasser diese Färbung gibt, weiß die Wissenschaft. Die Steine der einstigen Riesenburg wurden nach dem Riesenjüngling Romar »Römersteine« genannt.

Bezaubernder Harz – Herbststimmung
in romantischen Bachtälern

Der östliche Harz

22 Königshütte

Ein Gang zu Hütten und Palästen

leicht   10 km   3 Std.   ↑↓ 203 Hm

- **Tourencharakter**
Entspannte Rundwanderung für Liebhaber stiller Wälder auf schönen und gut zu laufenden Wegen

- **Orientierung**
Einfach; alle wichtigen Abbiegepunkte sind ausgeschildert

- **Höchster Punkt**
Kleiner Schmidtskopf, 526 m

- **Talort**
Königshütte, 431 m

- **Ausgangspunkt**
Parkplatz am Ortsende Königshütte in Richtung Tanne

- **Anfahrt mit Bahn & Bus**
Königshütte erreicht man mit der Linie 265 der Harzer Verkehrsbetriebe entweder von Wernigerode oder von Benneckenstein aus; www.hvb-harz.de

- **Gehzeiten**
Königshütte–Königsburg 15 Min., Königsburg–Trogfurter Brücke 45 Min., Trogfurter Brücke–Ruine Bodfeld 1 Std., Ruine Bodfeld–Königshütte 1 Std.; insgesamt ca. 3 Std.

- **Einkehr**
Unterwegs keine

- **Karte**
Wander- & Radwanderkarte Elbingerode
Maßstab: 1:25 000
ISBN 3-937929-57-6
www.kk-verlag.de

Am Zusammenfluss von Kalter und Warmer Bode errichteten die ottonischen Kaiser eine Pfalz: den Königshof. Die Besiedelung des Ortes geht auf die Zeit vor der ersten Jahrtausendwende zurück, er wurde bereits unter Heinrich I. urkundlich erwähnt. Am Ende des Mittelalters rauchten hier viele Hütten – sie verarbeiteten das Eisenerz des Harzes; aus Königshof und Eisenhütte wurde Königshütte.

Die Ruine Königsburg, wie sie heute genannt wird, liegt versteckt im Wald über ❶ **Königshütte.** Am Ortsende in Richtung Tanne überspannt eine Brücke die Warme Bode; hier findet man Parkmöglichkeiten. Wir überqueren die Brücke und wenden uns nach links. Der Weg steigt an und verläuft oberhalb des Baches, dann zweigt rechts der Aufstieg zur ❷ **Königsburg** ab, die auf einem 60 Meter hohen Steilhang über der Warmen Bode thront. Sie liegt auf einer Sichtlinie zum sagenumwobenen Wurmberg. Reste zweier Ringmauern, mehrere Umwallungen, Keller und Erdgeschosse sind zu entdecken. Auch der Bergfried steht noch größtenteils. Obwohl die ringförmige Burg relativ klein war, hielten sich nachweisslich große deutsche Kaiser aus dem Geschlecht der Ottonen und Salier in ihren Mauern auf. Der bedeutende Kaiser Heinrich III. starb hier im Jahre 1056 unter dem geistigen Beistand des Papstes Viktor II. Die Königsburg war also historisch gesehen ein besonderer Ort, der noch heute Ausstrahlungskraft besitzt und uns nachdenklich stimmt.

Ort der Geschichte und Geschichten:
die Königsburg in Königshütte

Düstere Sage Von der Königsburg laufen wir auf dem Wanderweg Deutscher Kaiser und Könige immer geradeaus durch den Wald bis zur ❸ **Trogfurter Brücke**. An dieser Stelle führte zur Zeit der Ottonen eine Furt durch die Bode. Im Jahre 1740 errichtete man eine Steinbrücke, um die sich eine düstere Sage rankt. Bezahlt wurde das Bauwerk vom Sühnegeld einer grausigen Mordtat an einem Mädchen, das sich vom Feld eines Reichen Erbsen gepflückt hatte. Der Geist der Toten offenbarte dem Pfarrer die Wahrheit und drei verräterische Blutstropfen rannen dem Mörder aus der Nase, als er vor Gericht seine Tat bestritt. Die Brücke ist längst unter den Fluten der Überleitungssperre Königshütte verschwunden, denn seit 1956 wird die Bode unterhalb des Zusammenflusses ihrer Quellflüsse aufgestaut.

Über den Staudamm wandern wir weiter auf dem Wanderweg Deutscher Kaiser und Könige, bis zum zweiten Mal ein Wegweiser zur ❹ **Ruine Bodfeld** auftaucht, ihm folgen wir nach links über bunte Harzwiesen. Die Ruine Bodfeld wird auch Sankt Andreaskirche genannt, ihre völlig zugewachsenen Grundmauern sind bestenfalls zu erahnen.

Schöner Wanderpfad Doch dieser Platz erweist sich als Auftakt zu einem der schönsten Wanderpfade durch den Harz. Zuerst geht er steil bergab ins Papenbachtal, führt dann sanft abfallend durch einen schattigen Nadelwald bis zu einem mit Hochstauden bewachsenen Wiesengrund. Der von Erlen gesäumte Papenbach mündet in die Überleitungssperre. Hier wenden wir uns nach rechts und laufen auf Asphalt zurück in Richtung Königshütte. Dabei passieren wir einen geologischen Aufschluss aus dem Mittleren Devon. Auf diesem wärmespeichernden Untergrund fühlen sich Steinnelken, Silberdisteln und Thymian wohl. Am Zusammenfluss von Warmer und Kalter Bode schwirren die seltenen Blaugebänderten Prachtlibellen durch das hohe Schilf. In Königshütte haben wir die Möglichkeit, unsere Wanderung mit einer Umrundung der Mandelholztalsperre (Tour 23) zu verlängern.

Kaiserweg

Der thematische Wanderweg Deutscher Kaiser und Könige verläuft auf den Spuren des historischen Kaiserwegs quer über den Harz. Schon der fränkische Hausmeier Pippin zog 744 mit seinem Heer über die Höhen, andere Herrscher folgten seinem Beispiel. Aus dieser Zeit muss auch die alte Bezeichnung Heidenstieg stammen. Aber schon früher benutzten Menschen diese Route, wie zahlreiche Funde aus der Steinzeit bezeugen. Die Bezeichnung Kaiserweg erhielt die Strecke nach der Flucht Heinrichs IV. von der Harzburg zur Kaiserpfalz Tilleda am Kyffhäuser. Im Ostharz tragen mehrere Wanderwege die Bezeichnung »Weg Deutscher Kaiser und Könige«; sie sind jedoch nicht identisch mit dem alten Kaiserweg.

23 Mandelholz

Uraltes Bergwerk unter hundertjährigen Fichten

leicht   8 km   2 Std.   ↥ 215 Hm

- **Tourencharakter**
Einfache, angenehme Tour, die sich mit der Tour 22 (Königshütte) gut kombinieren lässt

- **Orientierung**
Leicht

- **Höchster Punkt**
Alte Elbingeröder Straße, 514 m

- **Talort**
Mandelholz, 438 m

- **Ausgangspunkt**
Parkplatz am Gasthaus Grüne Tanne an der B27

- **Anfahrt mit Bahn & Bus**
Mandelholz erreicht man mit der Buslinie 261 der HVB über Elbingerode und Blankenburg;
www.hvb-harz.de

- **Gehzeiten**
Mandelholz–Staudamm 30 Min.,
Staudamm–Wasserfall 30 Min.,
Wasserfall–Wormketal 45 Min.,
Wormketal–Mandelholz 15 Min.;
insgesamt ca. 2 Std.

- **Einkehr**
Hotel Grüne Tanne
38875 Mandelholz
Tel. 039454/460
www.mandelholz.eu

- **Karte**
Wander- & Radwanderkarte
Elbingerode
Maßstab 1:25 000
ISBN 3-937929-57-6
www.kk-verlag.de

In dem Namen Mandelholz spüren wir den Duft des Südens, er klingt heiter und entspannt. Ursprünglich aber bezeichnete er ein Waldgebiet: das Mangelholz. Damit erhält der Ortsname einen ganz anderen Klang. Er erinnert an schwere und lang vergangene Zeiten – ähnlich wie die Namen der bekannten Harzer Orte Elend und Sorge. Mandelholztalsperre heißt heute das Stauwerk der Kalten Bode.

Zwei Kräuterfrauen Zu Beginn des 17. Jahrhunderts entstand am Mangelholz eine Hütte zur Eisengewinnung. In den Gruben Bunte und Blanke Wormke (sie zählten seinerzeit zu den bedeutendsten Bergbaugruben im Harz) baute man Eisenerz ab. 1869 jedoch wurde die Hütte stillgelegt, danach diente das Gebäude noch als Unterkunft für Familien, die in der Rothehütte im nahe gelegenen Ort Königshütte oder im Wald arbeiteten. Auch zwei Kräuterfrauen hatten hier ihre Bleibe, sie halfen mit ihrer Naturmedizin den Bergleuten von Mandelholz, die sich ärztliche Hilfe nicht leisten konnten.

Melancholisches Gewässer Vom Parkplatz Mandelholz, gegenüber des Gasthauses ❶ Grüne Tanne, laufen wir hinter der Leitplanke kurz in Richtung Königshütte, gelangen über eine Bohlentreppe hinab zu einem weiten Wiesengrund und überqueren auf einer alten Betonbrücke die Kalte Bode. Am anderen Ufer wenden wir uns nach links, folgen dem Rundweg um das

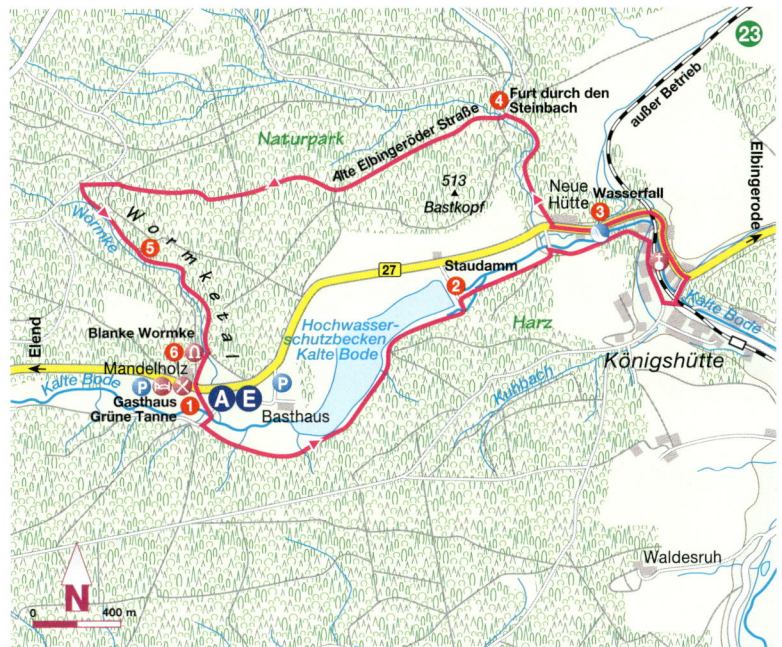

Schwarze Königskerze

Im Gegensatz zu ihren bekannten Schwestern findet man die Schwarze Königskerze (Verbascum nigrum) nur selten. An ihren purpurnen Staubgefäßen ist sie gut zu unterscheiden. Aus Blüten und Blättern bereiteter Tee wirkt bei Husten und Heiserkeit entzündungshemmend und reizlindernd. Sie spielte bei den Sonnenwendfeiern der Germanen eine Rolle, Christen verwendeten sie als Weihwasserwedel und noch heute wird sie an Maria Himmelfahrt als Zepter in die Mitte des geweihten Kräuterbuschs gesteckt. Im Harz wurden die Stängel der Königskerzen mit Teer oder Pech bestrichen und als Fackel verwendet.

Hochwasserschutzbecken. Es wurde von 1952 bis 1957 aufgestaut; ein melancholisches Gewässer, über dem sich ein grauer Himmel wölbt, Fischreiher steigen auf, auf den Uferwiesen entdecken wir üppig wachsende Wilde Stiefmütterchen. Die Sonne kommt heute nur selten hervor, aber das macht nichts, denn Baden ist hier verboten; die gestauten Wasser werden für die Trinkwasserversorgung genutzt. Wir bleiben am Seeufer, bis wir den 220 Meter breiten und 26 Meter hohen ❷ **Staudamm** erreichen, steigen hinab zur Bode und folgen ihrem Lauf bis zum Ortsanfang Neue Hütte. Von hier können wir über die Bodebrücke direkt ins Steinbachtal wandern.

Es lohnt sich aber, zuvor den kleinen Wiesenpfad rechts einzuschlagen und weiter dem Lauf der Kalten Bode zu folgen, die hier besonders romantisch dem Zusammenfluss mit ihrer Schwester Warme Bode entgegenströmt. Zu rück geht es entweder über die alte Eisenbahnbrücke oder durch den Ort entlang der B27. Direkt neben der Straße plätschert ein ❸ **Wasserfall** 20 Meter in die Tiefe eines ehemaligen Steinbruchs. Das Gestein benötigte man zur Errichtung der Mandelholztalsperre.

Zauber der Täler Am Ortsende öffnet sich rechts das Steinbachtal. Erlen säumen den Bachlauf unter hohen Felsen, den Rabenklippen. Nur wenige Hundert Meter und wir erreichen eine Wegkreuzung. Nach einer ausgiebigen Pause auf dem idyllischen Rastplatz durchqueren wir die seichte ❹ **Furt durch den Steinbach**, wandern auf der Alten Elbingeröder Straße zwei Kilometer bergan auf breitem Weg durch finsteren Fichtenwald; die seltene Schwarze Königskerze leuchtet am Wegrain.

Wir folgen der Ausschilderung Harzer Hexenstieg ins ❺ **Wormketal** hinein, einem nur kurzen Zufluss der Kalten Bode. Und trotzdem hat der Bach eine spannende Geschichte hinter sich. Ein feuchter Weg zwischen dicken Moospolstern und Kohldisteln folgt dem Bächlein, das sich wie eine Schlange, die gegen den Strom schwimmt, durch das Tal windet. Wie so oft im Harz sind

es mehr die Täler als die Höhen, die verzaubern. Plötzlich türmt sich vor uns ein zehn Meter hoher, mit alten Fichten bewachsener Wall auf. Es ist die Staumauer der ehemaligen Wormke-Talsperre, die einst das schöne Tal mit Wasser füllte. Wir sind also die ganze Zeit auf dem Grund eines verschwundenen Sees gewandelt. Der Stausee wurde bereits im 15. Jahrhundert angelegt und für den Betrieb von Eisengruben und Hütten genutzt. Ein heftiges Unwetter riss am 22. Juli 1855 eine Bresche in den 115 Meter breiten Damm und die frei gewordenen Wassermassen verwüsteten die Orte Neue Hütte, Rothehütte und Königshütte. Durch die noch erkennbare Lücke im Wall wandern wir weiter in Richtung Mandelholz.

Blanke Wormke Nicht vorbeilaufen sollte man an dem unscheinbaren Hinweis auf das Naturdenkmal Mandelholz. Etwas abgelegen vom Weg, unter hohen Bäumen, verbergen sich die alte Grube mit dem Namen ➏ **Blanke Wormke** und ein geologischer Aufschluss, Zeugnis des historischen Eisenbergbaus im Harz. Die alte Grube versinkt unter tiefschwarzem Wasser. Wir klettern über umgestürzte Bäume und bemooste Steine und entdecken einen Stollen, eine Grotte im Fels, auch sie mit schwarzem Wasser gefüllt. Hier führt kein Weg mehr hinein. Hütte und Grube, eigentlich die ganze Ortschaft Mandelholz, sind Geschichte, fast vergessen, aber für den Harz durchaus typisch. An diesem historischen Ort entstand in der neuen Zeit das Hotel ➊ **Grüne Tanne**. Wir haben unseren Ausgangspunkt nach einer abwechslungsreichen, romantischen Tour wieder erreicht.

Wohlverdiente Pause nach langem Marsch am Ufer der Kalten Bode Linke Seite: Tief im Verborgenen – die verfallene Grube Blanke Wormke

24 Rübeland

Silber, Gold und Edelsteine – der Harz hat's in sich

leicht   7 km   2 Std.   ↕ 382 Hm

....

• Tourencharakter
Diese Tour gestaltet sich anders als
die anderen Routen, denn sie führt
ins Innere des Harzes: In Rübeland
liegen zwei Tropfsteinhöhlen und
ein Besucherbergwerk dicht bei-
einander; die Erzgrube Büchenberg
befindet sich, nur wenige Kilometer entfernt, an der B244 zwischen
Elbingerode und Wernigerode; die
Wanderung zum Blauen See bildet
eine schöne Ergänzung

• Anschriften
Rübeländer Tropfsteinhöhlen
(Hermanns- und Baumannshöhle)
Blankenburger Straße 35
38889 Elbingerode (OT Rübeland)
Tel. 039454/491 32
www.harzer-hoehlen.de

Schaubergwerk Büchenberg
Büchenberg 2
38875 Elbingerode
Tel. 039454/422 00
www.schaubergwerk-elbingerode.de

• Anfahrt mit Bahn & Bus
Die Linien 260 und 261 der Harzer Verkehrsbetriebe fahren über
Rübeland und Elbingerode;
www.hvb-harz.de

• Einkehr/Übernachtung
Waldgasthaus & Pension
Zum Hirschbrunnen
Unter den Birken 15
38875 Elbingerode
Tel. 039454/895 10
www.zum-hirschbrunnen.de

• Karte
Wander- & Radwanderkarte
Elbingerode
Maßstab 1:25 000
ISBN 3-937929-57-6
www.kk-verlag.de

Mineraliensucher und Steinesammler werden im Harz glücklich, doch sind die versteckten Steinbrüche und geologischen Aufschlüsse oft nur für Spezialisten zugänglich. Die besten Aussichten, ins Innere des Harzes vorzudringen, hat man in Rübeland mit zwei attraktiven Höhlen und einem Besucherbergwerk. Den faszinierenden Roten Blutstein fördert man in der Grube Büchenberg bei Elbingerode ans Tageslicht.

Die Spur der Steine Im Harz wurden seit jeher Erze, Silber und Kupfer gewonnen. Auch wertvolle Mineralien und Edelsteine fanden sich in den düsteren Stollen, Schächten und Gängen der Bergwerke. Nicht selten liegen die Steine sogar nahe der Erdoberfläche, man muss nur wissen, wo, und den richtigen Blick dafür haben. Bekannt sind die Auerberg-Diamanten (siehe Tour 35), im Bodetal kann man Achate in vielen Farben, auch winzige Türkise im Flussbett entdecken. Weniger Fachkundigen offenbart ein Besuch in den Rübeländer Tropfsteinhöhlen, was der Harz in sich hat.

Die Tropfsteinhöhlen Durch Rübeland fließt die Bode, was die Entstehung von Höhlen an dieser Stelle sehr begünstigte. Die ❶ **Hermannshöhle** wurde 1866 entdeckt, wissenschaftlich erforscht und 1890 für den Publikumsverkehr geöffnet. Sie weist sechs Etagen auf. Wir betreten sie auf dem zweiten Stockwerk, einem gewölbten Flusstunnel. Das untere, erste Stockwerk ist nur

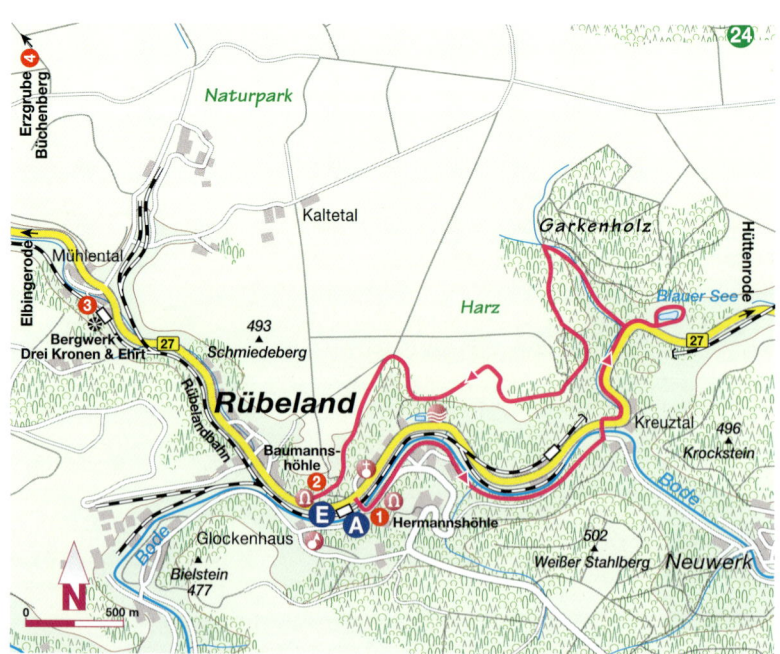

Blauer See

Wer sich in der Dunkelheit unter Tage nach dem Blau des Himmels sehnt, sollte eine Wanderung zum Blauen See unternehmen. Statt einfach nur die Straße zwischen Hermannshöhle und Baumannshöhle zu überqueren, wandern wir auf dem Philosophenweg in Richtung Kreuztal, unter der 33 Meter hohen Eisenbahnbrücke hindurch und parallel zur Straße bis zum Blauen See, der von Karstquellen gespeist wird und dessen Wasser außerordentlich klar ist. Der hohe Kalkgehalt im See absorbiert alle Farben außer Blau. Leider darf man im Blauen See nicht baden, da das Wasser zu rasch verschmutzt. Also weiter wandern, über den Peersgrund hangaufwärts zum Waldrand, dann in westlicher Richtung. Über den Schornsteinberg erreichen wir zuerst den alten, dann den jetzigen Eingang zur Baumannshöhle.

für Höhlenforscher begehbar. Über 55 Treppenstufen gelangen wir zur Bärenhöhle; in der Hermannshöhle sind Forscher mehrfach auf Knochen von Höhlenbären gestoßen – ein ganzer Bärenfriedhof. Zwei Aussichtspunkte, von denen man in ein 13 Meter tiefer gelegenes Gewölbe – Festsaal genannt – blickt, beeindrucken in der fünften Etage. Weitere Attraktionen sind der Olmensee mit seinen bleichen Bewohnern, den Grottenolmen, und die schönen Tropfsteingebilde in der Blauen Grotte.

Wesentlich älter ist die ❷ **Baumannshöhle**, einer weit verbreiteten Sage nach benannt nach einem Bergmann, der sie auf der Suche nach Erzen entdeckte. Schon seit dem Ende des Mittelalters werden Besucher in diese Höhle geführt. Auch hier entdeckte man Knochen von Höhlenbären, die als Einhornknochen zu einem Heilelexier verarbeitet und verkauft wurden. Leider beschädigten unachtsame Besucher zahlreiche Tropfsteine oder stahlen sie gar. Die Baumannshöhle ist nicht vollständig erforscht, immer wieder werden neue Gänge und Räume entdeckt. Außerdem gibt es in Rübeland noch eine weitere Höhle, die 1672 entdeckte Bielsteinhöhle, die aber 100 Jahre nach der Erschließung wieder in Vergessenheit geriet und bis heute nicht zugänglich ist.

Katzengold und Blutstein Der Bergbau im Harz hat eine lange Tradition. Im mittlerweile leider geschlossenen ❸ **Bergwerk Drei Kronen & Ehrt** in Rübeland wurde von 1870 bis 1990 Schwefelkies abgebaut, wissenschaftlich auch Pyrit genannt nach dem griechischen Wort für Feuer. Der Volksmund gab ihm wegen seines Goldglanzes den Namen Katzen- oder Narrengold. Wirtschaftlich genutzt wird er zur Gewinnung von Schwefelsäure. Esoteriker indes verwenden Pyrit als Heilstein gegen Arthritis und Ischiasbeschwerden. Das Bergwerk Drei Kronen & Ehrt gilt neben der ❹ **Erzgrube Büchenberg** in Elbingerode als Herkunftsort des Harzer Blutsteins, wissenschaftlich als Hämatit bezeichnet, im Harz auch als Roteisenstein. Blutsteine werden schon seit der Antike an vielen Orten abgebaut und verarbeitet. In reinem Zustand enthält Hämatit 70 Prozent Eisen, aber auch als Pigment ist er von großer Bedeutung und als Schmuckstein sehr beliebt. In der alternativen Heilkunde wird dem Blutstein ein günstiger Einfluss auf die Blutbildung zugeschrieben … Wanderungen unter Tage zu den Schätzen des Harzes, die es in sich haben.

Oben: Die Kanzel, eine der interessantesten Sinterbildungen der Hermannshöhle
Unten: Ein Blutstein im Rohzustand aus der Erzgrube Büchenberg

25

Köhlerweg
Streifzug zwischen Feuer und Wasser

leicht **14 km** **4 Std.** ↑↓ **334 Hm**

• Tourencharakter
Leichte Wanderung, die in der Länge gut eingeteilt werden kann; mit allen Abstechern sind es etwa 14 km, bei Verzicht auf die Königsburg in Hasselfelde 11 km; wenn man auch den Panoramablick auf die Rappbodetalsperre auslässt, kommen nur 9 km zusammen

• Orientierung
Nicht allzu schwierig. Auf dem Abschnitt zwischen Rappbodetalsperre und der B81 muss man etwas genauer hinschauen. Der Köhlerweg ist gleich dreifach ausgewiesen: Köhlerweg, Harzer Hexenstieg, Grünes Dreieck

• Höchste Erhebung
Rotestein, 503 m

• Ausgangspunkte
Parkplatz Stemberghaus oder Parkplatz an der B81, etwa 600 m in Richtung Blankenburg

• Anfahrt mit Bahn & Bus
Die Buslinie 260 der Harzer Verkehrsbetriebe von Wernigerode nach Hasselfelde hält am Stemberghaus, zusätzlich 263 von Hasselfelde nach Blankenburg; hvb-harz.dee

• Gehzeiten
Insgesamt 4 Std.; die Abstecher Parkplatz Stemberghaus–Rotestein und zurück sowie Mittelteich–Königsburg und zurück brauchen jeweils 1 Std.

• Einkehr
Köhlerhütte an der Harzköhlerei Stemberghaus
38899 Hasselfelde
Tel. 039459/722 54
www.harzkoehlerei.de

• Karte
Luchs Wanderkarte Bodetal
Maßstab 1:30 000
ISBN 978-3-936185-23-2
www.schmidt-buch-verlag.de

Zu den Mythen, Sagen und Märchen des Harzes gehören auch die Figuren des Köhlers und der Köhlerliesel. Sie fristeten in dieser rauen Bergregion ein hartes, entbehrungsreiches Leben. Die Köhler waren die mittelalterlichen Energielieferanten; sie stellten Holzkohle her, die für die Eisenverhüttung benötigt wurde. Erst im 20. Jahrhundert ging man zur Energienutzung in Form von Elektrizität über und erbaute Staudämme wie die Rappbodetalsperre zur Erzeugung von Wasserkraft.

Landschaft im Wandel Unsere Wanderung startet an der ❶ **Köhlerei Stemberghaus**, an der B81 zwischen Hasselfelde und Wendefurth. Gegenüber vom Parkplatz der Köhlerei beginnt etwas versteckt ein Waldweg; steil bergab führt er auf einen Fahrweg, der nach rechts jetzt bergan bis zu einem wilden Parkplatz an der B81 führt. Ein Schild weist zum Aussichtspunkt ❷ **Rotestein** über der Rappbodetalsperre. Wo sich einst Feuchtwiesen im Tal der Rappbode ausbreiteten und der mittelalterliche Trockweg von Hasselfelde nach Rübeland verlief, spiegelt sich jetzt der blaue Himmel in den Fluten eines 390 Hektar großen Talsperrenverbundes aus Hochwasserschutzbecken, Vorsperren und Pumpspeicherwerken. Die 106 Meter hohe Staumauer der Rappbodetalsperre ist die höchste Deutschlands. Der Rotestein verführt zur Rast: Der Blick schweift über den Königsberg am gegenüberliegenden Ufer bis hin zum Brocken und Wurmberg, die blau in der Ferne schimmern.

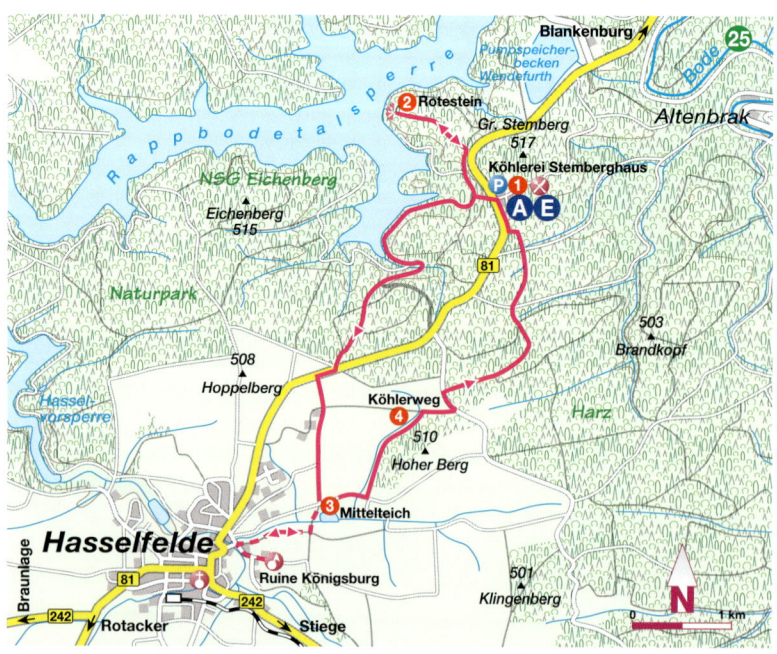

Arbeiten wie im Mittelalter –
das Köhlereimuseum Stemberghaus

Auf gleichem Weg geht es zurück zum Abzweig Stemberghaus, hier nicht links, sondern auf dem von Birken gesäumten Fahrweg bergab. Rechter Hand schimmern Felsen und Wasser durch das Geäst des Mischwaldes; wir folgen dem Stausee oberhalb des Ufers. Dann entfernen wir uns vom Gewässer, steigen aufwärts und gelangen bald auf einen breiten Weg. Hier wenden wir uns nach links in Richtung Hasselfelde (Kennzeichnung gelbes Dreieck), laufen in weitem Bogen bergan und wechseln nach etwa 800 Metern geradeaus auf einen wenig benutzten Waldpfad. Nach einem steilen Anstieg wird der Pfad breiter und erreicht die B81. 200 Meter folgen wir der Straße nach rechts, dann links von der Autostraße ab in eine offene Landschaft. Ein Wiesenweg führt uns vorbei am ansehnlichen Freizeitpark Westernstadt mit Longhornrindern und Pferden auf großflächigen Weiden schnurstracks zum ❸ Mittelteich.

Enthusiastische Burgenliebhaber können den Weg am Mittelteich vorbei zur Königsburg bei Hasselfelde einschlagen (1,3 Kilometer). Sie soll bereits unter Heinrich I. (876–936) angelegt worden sein; allerdings sind von der Burg bestenfalls noch Wall und Graben im Gelände zu erahnen, der Blick zum Brocken ist zugewachsen.

Wir biegen am Mittelteich gleich links ab auf den ❹ Köhlerweg. Nach 500 Metern wendet er sich nach links, verläuft durch Wiesen und Wald, bestückt mit Kohlegruben, Erdmeilern und Köhlerköten. Nach der Überquerung einer Landstraße führt ein Schotterweg weiter, im Rechtsknick des Fahrwegs geht es geradeaus zurück zur Harzköhlerei ❶ Stemberghaus. Hier flackern beständig Feuer und Meiler qualmen, gewartet von rußgeschwärzten Gestalten, den Köhlern. Sie berichten uns von der Tradition der Holzkohleerzeugung und lassen das mühevolle Handwerk vergangener Tage vor unseren Augen wieder lebendig werden.

Köhler & Teufel

Köhler galten als arme Teufel. Eines Tages besuchte der richtige Teufel einen Köhler bei Hasselfelde und forderte ihn zu einem Wettkampf auf, wer wohl die stärkeren Ohrfeigen verteilen könne. Der Köhler, nicht dumm, wusste, mit wem er es zu tun hatte, und stellte die Bedingung, der Kampf solle mit verbundenen Augen ausgetragen werden. Der Teufel ging darauf ein und schon hatte der Köhler eine gefangen, dass ihm Hören und Sehen verging. Er berappelte sich aber und nun war er an der Reihe. Er schlug mit seinem Hammer so heftig zu, dass der Teufel zu Boden stürzte, den Wettstreit verloren gab und verschwand. Der Hammer des Köhlers aber war durch den Schlag zu purem Gold geworden. Schöne Teufeleien!

26 Rosstrappe

So von oben herab

leicht | 15 km | 4 Std. | ↥ 498 Hm

....

• **Tourencharakter**
Mittellange Wanderung, die keine besonderen Anforderungen stellt

• **Orientierung**
Von Todtenrode zur Rosstrappe sehr gut ausgeschildert; auf dem Rückweg durchs Naturschutzgebiet Steinköpfe machen sich die Wegweiser allerdings rar

• **Höchster Punkt**
Todtenrode, 452 m

• **Tiefster Punkt**
Thale, 297 m

• **Ausgangspunkt**
Todtenrode

• **Anfahrt mit Bahn & Bus**
Für An- oder Rückfahrt fährt man von Thale mit dem Bus 257 der HVB über Treseburg und Altenbrak bis zur Haltestelle Hasenteich; von hier ist es 1 km bis Todtenrode; Thale erreicht man mit dem HarzElbeExpress von Magdeburg über Halberstadt;
www.hex-online.de
www.hvb-harz.de

• **Gehzeiten**
Todtenrode–Rosstrappe 1.30 Std., Rosstrappe–Thale und zurück 1 Std., Rosstrappe–Todtenrode 1.30 Std.; insgesamt ca. 4 Std.

• **Einkehr/Übernachtung**
Zum Alten Forsthaus Todtenrode
06502 Thale (OT Altenbrak)
Tel. 039456/567 88
www.todtenrode.de

• **Karte**
Luchs Wanderkarte Bodetal
Maßstab 1:30 000
ISBN 978-3-936185-23-2
www.schmidt-buch-verlag.de

Der spektakuläre Sprung über das Bodetal, der Abdruck eines Hufes im Fels – die Rosstrappenerzählung dürfte wohl die bekannteste des umfangreichen Harzer Sagenkranzes sein. Der Ort der Handlung kann leicht mit einer Seilbahn oder dem Auto erreicht werden. Wir gehen zu Fuß und stellen die sagenumwobene Rosstrappe in die Mitte einer beschaulichen Wanderung durch Harzer Wälder.

Wiesen und Wälder Zwischen Bodetal und dem nördlichen Harzvorland, zwischen Thale, Treseburg und Hüttenrode erstreckt sich eine stille Waldlandschaft mit dem Naturschutzgebiet Steinköpfe. Am östlichen Rand des Gebietes liegt eine der wunderbaren Bergwiesen des Harzes; bei aufgehender Sonne äsen Rehe und Hirsche, Tau glitzert in den Netzen großer Kreuzspinnen. In der Nachbarschaft liegt ❶ **Todtenrode**, nicht mehr als ein Forsthaus und ein freundlicher Gasthof. Bereits von hier ist der Wanderweg zur Rosstrappe ausgeschildert, wir aber machen zuerst einen kleinen Schlenker zum gut einen Kilometer entfernten Aussichtspunkt ❷ **Böser Kleef**. Zugegeben, es war der Name, der uns hierher lockte und für den wir keine Erklärung gefunden haben. Der Ausblick ins Bodetal mit seinen bewaldeten und wiesenreichen Berghängen und dem Örtchen Altenbrak gibt uns einen kleinen Vorgeschmack auf das Panorama, das uns an der Rosstrappe erwarten wird. Also weiter Richtung Rosstrappe. Vorbei am ❸ **Mahnstein** für den Oberjäger und Forstmeister Johann Georg von Langen (siehe Kasten rechts) führt der Weg über eine Freifläche; einzeln stehende Birkenstämme ragen aus dicht wachsendem Himbeergestrüpp und Weidenröschen hervor. Vom Sturm stark beschädigt, treiben sie trotzdem wieder aus und grünen aufs Neue; die Forstwirtschaft vertraut auf die Selbstheilungskräfte der Natur.

Der Forstmeister

Am Weg von Todtenrode zur Rosstrappe entdecken wir nach zwei Kilometern ein Denkmal, das dem Forstmeister Johann Georg von Langen (1699–1776) gewidmet ist. Dazu muss man wissen, dass sich im 18. Jahrhundert die Harzer Wälder in einem erbärmlichen Zustand befanden; sie waren dem Raubbau für den Bergbau und die Verhüttung von Erzen zum Opfer gefallen. Der Forstmeister Georg von Langen erkannte das Dilemma frühzeitig, er kartierte sorgfältig die Schäden und schlug seinen Landesherren eine systematische und geplante Wiederaufforstung vor. Heute würde man sagen, er führte die nachhaltige Forstwirtschaft im Harz ein. Nicht immer stieß er dabei auf Gegenliebe und so ging er schließlich nach Skandinavien; hier schenkte man seinen Ideen mehr Beachtung. Georg von Langen verdanken wir, dass heute ein Viertel des Landes wieder bewaldet ist.

Wir stoßen auf die Landstraße von Treseburg nach Wienrode just an der Stelle, wo die Straße nach Thale abzweigt. In Richtung Wienrode laufen wir 200 Meter über Asphalt, biegen rechts auf einen Waldweg ein und schreiten forsch aus, obgleich der Boden an manchen Stellen vom Regen durchnässt ist. Sonne strahlt durch die Zweige der Bäume und lässt den düsteren Wald heiter erscheinen – eine wahre Waldeslust. Der Weg endet an der Autozufahrt zur Rosstrappe, der wir jetzt einen Kilometer bis zum Gasthaus folgen. Rechter Hand der Straße steigt eine Art Wall empor, Befestigungsreste der ❹ Winzenburg. Der Hauptwall ist etwa 500 Meter lang und sechs Meter hoch. Er gehört zu den vorgeschichtlichen Wallanlagen und Kultplätzen, mit denen der Zugang zum Bodetal gesichert wurde. Auch auf der gegenüberliegenden Seite des Bodetals, am Hexentanzplatz, befindet sich eine vergleichbare

Linke Seite: Blick von der Rosstrappe ins tief eingeschnittene Bodetal
Oben: Informieren am Gedenkstein des Forstmeisters von Langen

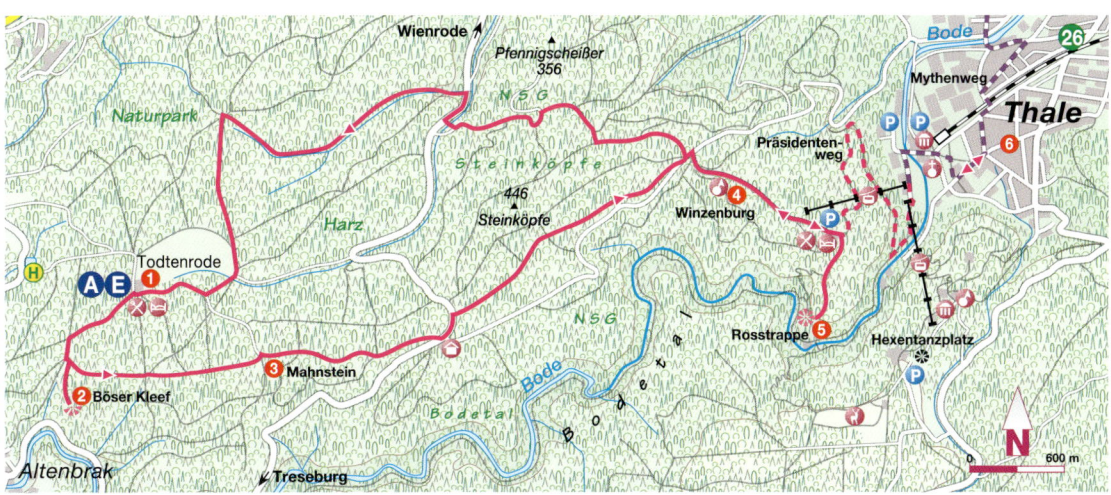

Mythenweg Thale

Zwölf Kunstwerke zieren den Themenweg, den die Stadt Thale der germanischen Mythologie widmet. Schon an der Talstation der Seilbahn zur Rosstrappe lauert die Migardschlange, die von Thor in einem gewaltigen Kampf besiegt wurde. Von hier einfach den im Boden eingelassenen Hufeisen folgen und schon gelangt man zum Neiddrachen Nidhögg; hinter der Bodebrücke erwartet uns der bronzene Bergmönch, Zwerg und Bergmann zugleich. Es folgen die aus hellem Sandstein gemeißelten Drei Nornen. Die Schicksalsgöttinnen der germanischen Mythologie werden meist als Mädchen (Skuld), Frau (Verdandi) und altes Weib (Urd) dargestellt; sie symbolisieren das Zukünftige, das Seiende und das Vergangene. Weiter geht es zu Sleipnir, dem achtbeinigen Pferd Wodans, das leichtfüßig über die Wolken galoppiert. Aus der stürmischen Nordsee hat der Wasserriese Ägir den Weg an die Bode gefunden. Zwei Fassadengemälde in der Poststraße thematisieren Walpurgis und die Götterdämmerung. Ferner stößt man auf Heimdall, den Wächter der Feuerbrücke, und auf Draupnir, Wodans funkelnden Zauberring. Der Brunnen der Weisheit steht sinnigerweise vor dem Rathaus neben einer Esche, dem Weltenbaum der alten Germanen. Ein Hoftor in der Schleifenbachstraße schmücken Schnitzwerke zu mythologischen Themen. Das Monument vor dem Kloster Wendhusen zeigt Hessi, den Häuptling der ostfälischen Sachsen, der sich Karl dem Großen unterwarf und taufen ließ. Zum Thaler Mythenweg, der noch erweitert wird, werden geführte Touren angeboten.
Bodetal-Information Thale
Bahnhofstraße 3, 06502 Thale
Tel. 03947/25 97, www.bodetal.de

Anlage: der Sachsenwall. Das Hochplateau der Rosstrappe war leicht zu schützen; es kann nur aus westlicher Richtung erreicht werden, alle anderen Seiten fallen über 200 Meter steil ab. An der nordöstlichen Seite erhob sich eine 80 Meter lange Toranlage; damit gehört die Winzenburg zu den größten uns bekannten Befestigungsanlagen der Vorzeit. Sie wurde seit Beginn der Bronzezeit vor etwa 4500 Jahren bis ins Mittelalter genutzt. Hoch über dem Tal, wo sich heute der Aussichtspunkt befindet, sind Vertiefungen im Felsgestein zu erkennen, die vermutlich als Opferbecken genutzt wurden. Auch noch nach der Christianisierung verehrten die Bewohner des Harzes hier ihre alten Götter. Ein kleiner, aber feiner Rundwanderweg führt zu den noch erkennbaren Stellen der Winzenburg.

Blutrotes Wasser Am Parkplatz und Sessellift eilen wir vorbei, und über die Sonnenterrasse des Gasthauses hinweg gelangen wir zum Touristenmagneten ❺ Rosstrappe. Ein felsiger Stolperpfad führt zum weit ins Bodetal hineinragenden Aussichtsfelsen. Und endlich erblicken wir eine mit Regenwasser gefüllte Vertiefung, die Rosstrappe. Wenn das der Hufabdruck eines Pferdes ist, muss es ein gewaltiger Gaul gewesen sein. Die Sage von der Rosstrappe ist ja bekannt. Nicht? Der Riese Bodo, nach anderer Schilderung ein Ritter Bodo aus Böhmen, war hinter der Königstochter Brunhilde her. Diese floh mit ihrem Pferd vor dem ungehobelten Kerl und konnte sich nur durch einen kühnen Satz über die Schlucht retten. Beim Aufprall soll eben jener Abdruck im Felsen entstanden sein. Bodo aber stürzte in die Tiefe hinab und ertrank im Fluss, der seither seinen Namen trägt. Damit ist die Geschichte aber noch nicht zu Ende, denn die Königstochter verlor beim Sprung ihre Krone, die ebenfalls in den Fluten versank. Glücksritter versuchten nach der goldenen Krone zu tauchen, die Bodo jedoch eifersüchtig bewacht. Spätestens beim dritten Versuch reißt Bodo jeden Taucher in die Tiefe hinab und das Wasser des Flusses färbt sich blutrot.

Hinab zur Bode Wer Ambitionen auf die Krone hat, muss ins Bodetal absteigen. Entweder schwebt man per Sessellift bequem hinab oder läuft über den Präsidentenweg nach ❻ Thale, was auch nicht viel anstrengender ist. Das Bodetal zwischen Rosstrappe und Thale, nicht gerade einsam, ist dennoch ein schöner Ort; die Wege sind bequem, der Fluss hat große Kiesel herangetragen, auf denen es sich sagenhaft träumen lässt. Ob sich wohl aus dem Murmeln und Glucksen des Wassers noch weitere geheimnisvolle Geschichten heraushören lassen? Wenn nicht: Einen Überblick zu den Mythen des Harzes bietet auf jeden Fall der Mythenweg in Thale, ein Skulpturenpfad quer durch die Harzstadt (siehe Kasten links).

Zurück zum Gasthaus Todtenrode verläuft der Weg anfangs über die schon bekannte Zufahrtstraße bis zur Einmündung auf die Landstraße. Ab hier folgen wir dem uns noch unbekannten Waldpfad geradeaus in Richtung Wienrode durch das Naturschutzgebiet Steinköpfe. Knapp zwei Kilometer sind es durch das bewaldete Tal zwischen den Höhen Steinköpfe und Pfennigscheißer, bis wir wieder auf die Landstraße von Treseburg nach Wienrode stoßen. Ihr folgen wir 300 Meter bergab, bis links der Weg von Timmenrode nach ❶ Todtenrode abzweigt.

Oben: Das Maiglöckchen, auch Lilie der Täler genannt
Unten: Ein entspannendes Fußbad in der Bode bei Thale
Linke Seite: Die Plastik des Bergmönchs auf dem Mythenweg in Thale

27 Hexentanzplatz

Den Besen von hinten aufgezäumt

mittel · 15,5 km · 5 Std. · ↥↧ 986 Hm

• Tourencharakter
Mittelschwere Wanderung; der Abstieg in den Bodekessel kann rutschig sein, der Aufstieg zum Hexentanzplatz ist anstrengend; ansonsten unproblematisch

• Orientierung
Im Bodetal gibt es keine Möglichkeit, falsch zu laufen; etwas Orientierungssinn ist auf dem Rückweg hilfreich

• Höchster Punkt
Hexentanzplatz, 496 m

• Tiefster Punkt
Königsruhe, 213 m

• Ausgangspunkt
Treseburg, 271 m

• Anfahrt mit Bahn & Bus
Thale erreicht man mit dem HarzElbeExpress von Magdeburg über Halberstadt; von Thale nach Treseburg verkehrt die Q-Bus-Linie 256, die auch über den Hexentanzplatz fährt; www.hex-online.de www.hvb-harz.de/

• Gehzeiten
Treseburg–Königsruhe 2 Std., Königsruhe–Hexentanzplatz 1 Std., Hexentanzplatz–Treseburg 2 Std.; insgesamt ca. 5 Std.

• Einkehr/Übernachtung
Gasthaus Königsruhe
Hirschgrundweg 1
06502 Thale
Tel. 03947/27 26
www.koenigsruhe.de

• Karte
Luchs Wanderkarte Bodetal
Maßstab 1:30 000
ISBN 978-3-936185-23-2
www.schmidt-buch-verlag.de

Thale, Hexentanzplatz, Rosstrappe – die Attraktionen im Harz, gespickt mit Mythen, unvergessenen Sagen, leider auch mit unglaublichem Firlefanz. Aber es geht auch anders: Wir erobern den Hexentanzplatz von hinten, von Treseburg her, pirschen durchs zunächst friedvolle Bodetal, doch dann rücken Felsen bedrohlich zusammen, der Bodekessel tief unter uns, Wasser brodelt, rauscht und zischt – eine eigentümliche Spannung liegt in der Luft.

Im Eldorado der Fliegenfischer Das Örtchen Treseburg im Bodetal hat sich einen Ruf als Eldorado der Fliegenfischerei erworben. Vom Ufer kann man ernste Männer beobachten, die bis an die Ohren in schwere Gummihosen gepackt durch das flache Wasser der Bode stapfen, wobei sie ihre Köder rhythmisch hin- und herschwingen lassen. Ein archaisches Schauspiel von beeindruckender Schönheit und Kraft. Das Wasser der Bode muss hier besonders klar und fischreich sein, obwohl sie in ❶ Treseburg bereits eine lange Geschichte hinter sich hat: Ihre Quellflüsse sind die Warme und die Kalte Bode; beide entspringen am Brocken – die Kalte Bode in einem Moor, die Warme Bode hat wiederum zwei Quellflüsse: die Große und die Kleine Bode. Um die Verwirrung komplett zu machen, gibt es noch zwei weitere Nebenflüsse mit den Namen Rappbode und Luppbode. Hinter Treseburg aber tritt die Bode in den spannendsten Abschnitt ihrer Flussreise ein: ins Bodetal.

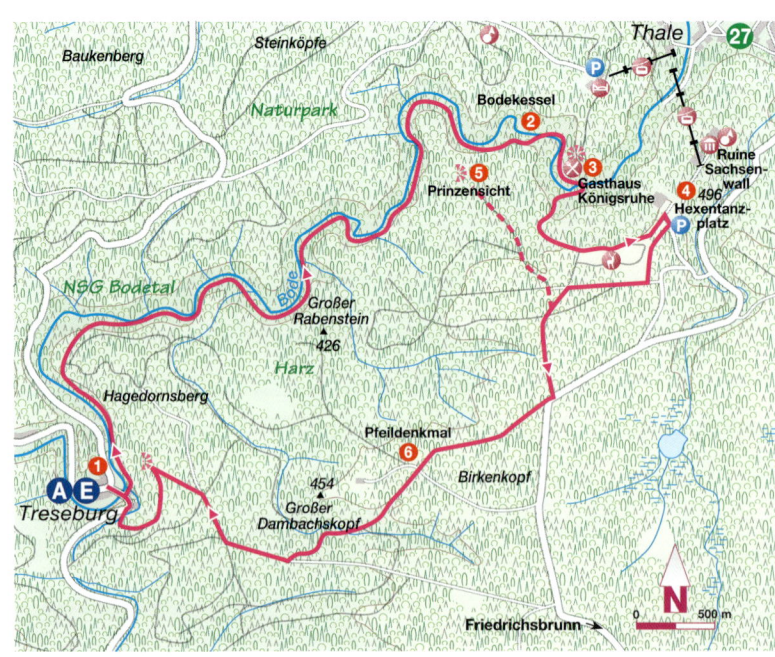

Die Hexe vom Gasthaus Königsruhe ist Tag und Nacht aktiv.
Unten: Feuersalamander im dunklen und feuchten Tal der Bode

Der Feuer-salamander

»Unter allen giftigen Tieren ist der Feuersalamander das boshafteste, er kann ganze Völker vernichten«, behauptete der römische Gelehrte Plinius. Bei unseren Altvorderen hatte der Feuersalamander wahrlich keinen guten Ruf. Wahr ist, dass die Lurche bei Gefahr ein Sekret absondern, das ihre Feinde abschreckt. Aber dass Feuersalamander Brunnenwasser vergiften, bleibt ein Ammenmärchen. Auch glaubte man, die Salamander würden Feuer unbeschadet überstehen, ihr Hautsekret schütze sie vor den Flammen. Dieser Wahn machte sie zu Märtyrern, die man zum Löschen einer Feuersbrunst in die Flammen warf. Oft wurden Feuersalamander mit Hexerei und Zaubertränken in Verbindung gebracht. In kühlen, feuchten Harzgründen haben sie ihr Refugium gefunden; mit den Harzhexen haben sie wirklich nichts am Hut.

Harzer Grand Canyon Der Wanderweg durchs Bodetal beginnt in Treseburg an der Straßenbrücke über den Fluss. Ein breiter Weg begleitet zunächst den Wasserlauf, der hier durch feuchten Auwald sanft dahinströmt. Ruhig schreiten wir voran, das Tal wirkt ganz unspektakulär. Eine erste Ahnung auf Kommendes geben die zahlreichen Feuersalamander, die den feuchten Pfad kreuzen. Ganz im Gegensatz zu ihrem Namen kommen die nachtaktiven Amphibien nur bei nassem Wetter aus ihren Verstecken hervor. Obgleich wir flussabwärts wandern, steigt der Weg an, anfangs kaum spürbar, doch bald schon blickt man aufs Wasser hinab. Die Hänge des Tales rücken näher zusammen, schwarze, spitz gezahnte Granitfelsen engen den Pfad ein. Immer höher strebt der Weg, wird steiler und steiniger, tief unter uns rauscht, gewaltige Felsbrocken umflutend, die wild gewordene Bode. Plötzlich geht es steil bergab, über tiefe Stufen und krumme Treppen, mal scharfkantig, mal feucht und rutschig. Der Abstieg führt in den ❷ **Bodekessel**, manchmal auch der Grand Canyon des Harzes genannt. Eine nette Übertreibung, doch nicht ohne ein Körnchen Wahrheit, denn wie hier die Wasser durch die enge Felsenklamm schießen, ist ein beeindruckendes Schauspiel. Früher stürzte die Bode an dieser Stelle als Wasserfall über einen Felsen, der jedoch 1785 gesprengt wurde. Es dauerte aber noch fast ein ganzes Jahrhundert, bis man endlich von Treseburg bis nach Thale durchs Bodetal eilen konnte, denn erst 1863 errichtete man in der Nähe des Bodekessels die Teufelsbrücke, die uns auf die andere Flussseite führt. 2009 wurde sie erneuert; ein gewaltiger Felsabgang hatte ganz in der Nähe den Durchgang des Bodetals für ein Jahr blockiert. Die Felsenbrocken liegen noch immer gleich neben dem Wanderweg, das möchten wir nicht miterlebt haben. Die Schurre, der steile Aufstieg aus dem Bodetal hinauf zur Rosstrappe, ist nach zehn Jahren Sperrung endlich wieder freigegeben.

Wasur oder ewiger Kreislauf

Zur Entstehung des Bodekessels berichtet eine Sage aus der Urzeit der Erde: Der germanische Gott Wasur, der Ewige, wollte Wodan vom Fluch des Göttervaters Hodir befreien. Wodan hatte es gewagt, seinem Vater Hodir zu trotzen, und dessen Todesdrachen mit der Streitaxt erschlagen. Hodir verdammte ihn, ruhelos durch die Welt zu irren; nur wenn ein anderer seine Strafe übernehmen würde, könne Wodan erlöst werden. Die anderen Götter aber waren auf Wodans Seite; sie stießen den grausamen Göttervater vom Thron und töteten ihn. Doch der Fluch lastete weiterhin auf Wodan und Wasur beschloss, ihn zu retten. Mit Hodirs Tod begann die noch glühende Erde zu erkalten und die heiligen Orte des Hexentanzplatzes und der Rosstrappe wurden durch einen Felsen miteinander verbunden. Hier trafen Wodan und Wasur unerwartet zusammen; die Energie der beiden Götter war zu jener Zeit so gewaltig, dass durch ihren Aufprall die Felswand in sich zusammenfiel. So entstand der Bodekessel und die Flüsse strömen seither unaufhörlich. Wasur wurde zum ewigen Kreislauf des Wassers, das ruhelos durch die Welt fließt. Wodan aber bestieg den Götterthron.

Zurück zur Zivilisation Nach diesem Ausflug in den Hades des Harzes mit seinen urzeitlichen Kräften gelangen wir am ❸ Gasthaus Königsruhe zurück in die Zivilisation. Der Kontrast ist heftig, denn von »Königs Ruhe« kann hier nicht die Rede sein. Die Ausflugslokalität erfreut sich größter Beliebtheit, ist sie doch von Thale auf kinderleichtem Spazierweg zu erreichen und die Lage der Sonnenterrasse hoch über der Bode einmalig: »Einer der schönsten Biergärten Deutschlands«, verkündet ein Schild … wir glauben es gerne.

Keine schlechte Idee, jetzt auf gleichem Weg zurückzuwandern – aber am Gasthaus lockt uns eine schöne Bogenbrücke aus alten Sandsteinquadern, die Jungfernbrücke, zum Gang über die Bode. Bewundernd blicken wir auf den reißenden Fluss, klettern neugierig weiter über einen sehr steilen Pfad und landen auf dem ❹ Hexentanzplatz; schon im Faust verewigt, heute aber eins der größten Tourismus-Highlights des Harzes. Kommentarlos übergehen wir den ganzen Rummel und widmen uns den historischen Hintergründen dieses außergewöhnlichen Ortes. Wie auf der gegenüberliegenden Rosstrappe wurde der Hexentanzplatz bis in die christliche Zeit hinein als Fliehburg und Kultstätte genutzt. Sie war von Bedeutung für große Teile des Harzes und des Vorlandes. Der Sachsenwall, wie die Fliehburg auf dem Hexentanzplatz genannt wird, wurde zwischen 750 und 450 v. Chr. errichtet, eine zwei Meter hohe Trockenmauer mit einer Länge von 150 Metern. Der 1,5 Tonnen schwere Opferstein, der in der Walpurgishalle zu sehen ist, entstammt der Zeitenwende. Im Stein eingemeißelt ist eine Swastika, das uralte Sonnensymbol, das von den Nazis als Hakenkreuz missbraucht wurde.
Eine Alternative zum turbulenten Hexentanzplatz finden wir auf der ruhigeren ❺ Prinzensicht; die imposante Panoramastelle gewährt einen letzten Blick auf das Bodetal, dem wir nun den Rücken kehren und in südlicher Richtung über eine bewaldete Hochfläche zur Landstraße Thale–Friedrichsbrunn wandern. Vor der L240 biegen wir rechts auf einen Forstweg ab und gelangen zum ❻ Pfeildenkmal. Wir bleiben auf dem Hauptweg durchs Dambachtal und stoßen wenig später auf den Rennsteig, hier geht es rechts bis zur nächsten Kreuzung. Die Markierung Weißer Hirsch lotst uns zum Aussichtspunkt über Treseburg; nach steilem Abstieg erreichen wir unseren Ausgangsort.

Im Gasthaus Königsruhe ist an schönen Tagen der Teufel los.

Das Wasser rauscht und zischt durch die enge Klamm des Bodekessels.

28 Selketal

Einst klapperten Mühlen am rauschenden Bach

leicht | 14 km | 4 Std. | ↥ 806 Hm

• **Tourencharakter**
Einfache Rundwanderung auf sehr interessanten Wegen; der Pfad vom Mägdesprung entlang der Selke ist schmal, aber gut zu laufen, der Anstieg zur Burg Anhalt steil; eine Verlängerung der Wanderung von der Selkemühle zur Burg Falkenstein verläuft auf breitem, ebenem Weg durch das Selketal

• **Orientierung**
Einfach

• **Höchster Punkt**
Forsthaus Wilhelmshof, 405 m

• **Tiefster Punkt**
Selkemühle, 252 m

• **Ausgangspunkt**
Parkplatz an der Maschinenfabrik Carlswerk in Mägdesprung

• **Anfahrt mit Bahn & Bus**
Den Ausgangspunkt Mägdesprung erreicht man mit der Selketalbahn, die von Quedlinburg über Gernrode, Alexisbad, Stiege bis Hasselfelde bzw. Eisfelder Talmühle verkehrt; www.hsb-wr.de

• **Gehzeiten**
Mägdesprung–Selkemühle 1.30 Std., Selkemühle–Forsthaus Wilhelmshof 1 Std., Forsthaus Wilhelmshof–Mägdesprung 1.30 Std.; insgesamt ca. 4 Std.

• **Karte**
KOMPASS WK 450
Harz (2 Karten)
Maßstab 1:50 000
ISBN 978-3-85026-112-8
www.kompass.de

Anders als das dramatische Bodetal zieren liebliche Wiesen und sanfte Berghänge das Tal der Selke. Hier hatte das Fürstengeschlecht der Anhaltiner, die noch heute einem Bundesland den Namen geben, ihren Stammsitz. Doch in der geschichtsträchtigen Landschaft zwischen Mägdesprung und Falkenstein ereignete sich manch düstere Geschichte, die man sich heute noch erzählt.

Der eigentümliche Name des Ortes Mägdesprung geht auf die Geschichte eines Riesenmädchens zurück, das sich der Aufdringlichkeit eines Försters und eines Pflugmannes nur durch einen gewagten Sprung über das schmale Selketal retten konnte, wobei sie Pflug und Pferd des Landmannes gleich mitnahm. Der Ort ❶ **Mägdesprung** entstand im 17. Jahrhundert als Bergbau- und Hüttensiedlung, im 19. Jahrhundert kam die Maschinenfabrik Carlswerk hinzu. Das architektonisch reizvolle Industriebauwerk dient heute als Museum und ist der Ausgangspunkt unserer Wanderung.

Hammerwerk und Mühle Wir überqueren die kleine Holzbrücke zur anderen Seite der Selke. Am Fluss entlang liegen mehrere Hammerwerke aus der vorindustriellen Zeit und Mühlen, die inzwischen natürlich anders genutzt werden. Das Tal ist hier eng und dunkel. Wir folgen dem Auf und Ab des Weges und erreichen schon bald die ❷ **Lampe**, ein überlieferter Flurname, der die schmalste Stelle des Selketals kennzeichnet; hier müssen sich die Wasser zwischen 330 Millionen Jahre altem Plattenschiefer regelrecht hindurchzwängen. Auch unser Wanderweg drängt sich an diesen torartigen Fels, dann weitet sich das Tal und bietet Wiesen und Hochstaudenfluren Raum. Am vierten Hammer – die Hammerwerke des Selketals sind nummeriert – verlockt

Schlangenkönig

Aus dem Selketal ist die Sage vom Schlangenkönig überliefert. Er soll unter einem Wispelbusch gehaust haben; Wispel tragen Früchte wie Birnen. Die Herren vom Falkenstein wollten die Krone des Schlangenkönigs rauben. Sie breiteten ein schwarzes Seidentuch unter dem Wispelbusch aus und lockten ihn mit Fleisch hervor. Der Schlangenkönig legte seine Krone auf das Tuch, die Ritter ergriffen sie, sprangen auf ihre Pferde und jagten davon. Sofort rief der Fürst der Reptilien alle Schlangen des Tales zusammen und noch ehe die feinen Herren wieder in ihre Burg zurückkamen, hatten diese das gesamte Gemäuer besetzt. Die Schlangenplage war so schlimm, dass die Herren von Falkenstein ihre Burg aufgeben mussten. Die Sage vom Schlangenkönig kann als Mahnung verstanden werden, die Natur und alle ihre Lebewesen zu achten.

der Selketaler Waldgasthof zu einer Rast. Er bietet vegetarische Küche. Wer Appetit auf Wildgerichte verspürt, sollte noch einige Schritte weiter laufen zur ❸ **Selkemühle**, einem beliebten Ausflugslokal, das auch mit dem Auto erreichbar ist. Von hier lockt ein bequemer Weg durchs offene Tal zur Burg Falkenstein. Spannender jedoch ist ein Besuch der ❹ **Burgruine Anhalt**, die verborgen im Wald auf dem Großen Hausberg hoch über der Selke liegt. Durch einen Hohlweg steigen wir steil bergan. Ein gewaltiger, abgestorbener Baum ragt neben dem Pfad auf und scheint den Zugang zu bewachen. Wir erreichen das erste Tor, Reste der Wallanlage sind zu erahnen. Weiter

Linke Seite: Das Carlswerk, einst Maschinenfabrik, heute Museum Oben: Spätsommerliche Stimmung im sanften Selketal

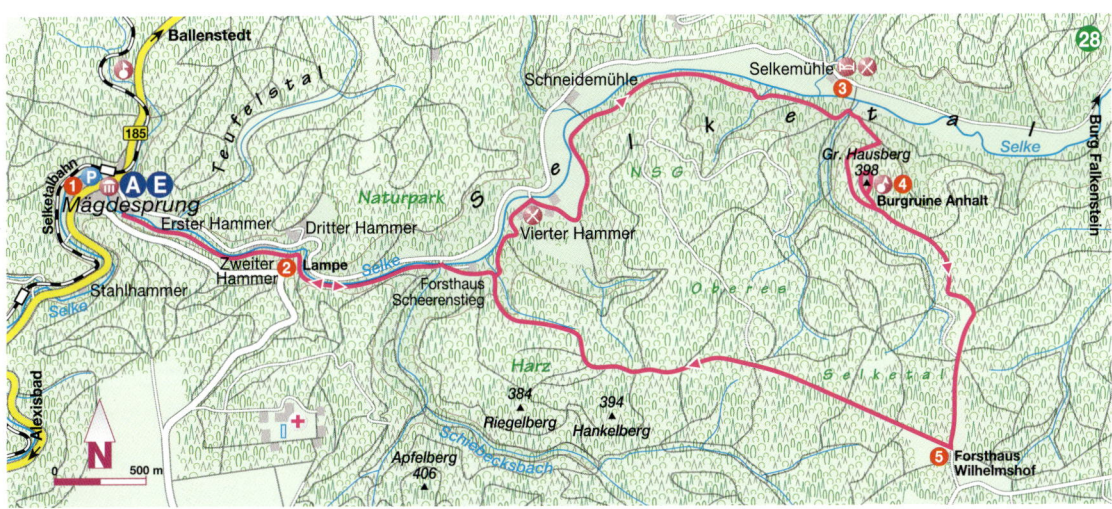

schraubt sich der Pfad empor, folgt offenbar der einstigen Zufahrt zur Burg, die von zwei weiteren Toren verteidigt wurde. Endlich betreten wir das dicht von Bäumen bewachsene Burggelände, aus dem hohen Gras ragen hier und dort Mauerreste, Durchgänge, Fundamente auf, ein wilder, vergessener Ort. Die um 1100 errichtete Burg war bis zum Ende des 14. Jahrhunderts Stammsitz des Fürstengeschlechtes Anhalt, das sich nach der Burg benannte. Klein war der Stammsitz nicht, etwa so groß wie die Wartburg; es gab zwei Höfe, der Bergfried hatte eine Höhe von 27 Metern. Vom ersten Bergfried, der 1140 zerstört wurde, sind noch die Fundamente vorhanden. Der 84 Meter tiefe Brunnen ist verschüttet, in ihm soll einst der Goldschatz der Anhaltiner versteckt worden sein. Wilde Spukgeschichten ranken sich um diesen Brunnen und den von bösen Berggeistern bewachten Schatz. Nur unschuldige Kinder rühren die Geister nicht an – oder Menschen, die zuvor eine Schlange verzehrt haben. Sie dürfen sich so viel vom Gold und Silber nehmen, wie in ihren Ranzen passt. Noch 1822 ließ ein Nachfahre der Fürsten den Brunnen ausgraben … den Schatz hat aber auch er nicht gefunden.

Trotz der Geister toter Schatzsucher, die noch immer durch die Burgruine spuken, verlassen wir den Ort nur ungern. Fürchten müssen wir uns nicht, derzeit scheint ja die Sonne und vergoldet Gräser und Laubkronen. Über den Herzogweg laufen wir leicht bergan zum ❺ **Forsthaus Wilhelmshof**. Kurz vor dem Forsthaus wenden wir uns nach rechts und wandern auf dem Mühlweg durch die Wälder des Naturschutzgebietes Oberes Selketal. Der anfangs gerade Forstweg wird windungsreicher und steigt dann hinab ins Tal, das wir zwischen drittem und viertem Hammer wieder erreichen. Auf bekanntem Pfad geht es flussaufwärts zurück zum Ausgangspunkt.

Die Burg Anhalt:
Reste des einstigen Bergfrieds

Die Burg Falkenstein – ein beliebter
Anziehungspunkt für Wanderer
Unten: Herbstzeitlose zieren die
weiten Wiesen im frühen Herbst.

Herbstzeitlose

Die Herbstzeitlose sieht aus wie ein
Krokus, blüht aber im Herbst. Der
Volksmund nannte sie auch Spin-
delblume oder Spinnblume, weil sie
im Altweibersommer, wenn Spinn-
fäden durch die Luft schweben, auf
den Wiesen erscheint. Ihre Blüten,
zwischen den Fingern zerrieben,
schützten die Hände der Spinn-
frauen vor Wundwerden. Der wissenschaftliche Name Colchicum
autumnale verweist auf das Land
Kolchis am Schwarzen Meer, zu dem
die Argonauten aufbrachen, um
das Goldene Vlies zu erobern. Die
Königstochter Medea, die sich mit
allen Heilkräutern auskannte, half
ihnen. Tropfen ihres Zaubertranks
fielen zur Erde und aus ihnen er-
blühte die giftige Herbstzeitlose. Medea ging als Hexe und Giftmische-
rin in die antike Geschichte ein; Lin-
né, der große Biologe, kannte die Le-
gende und taufte die Herbstzeitlose »Herbstpflanze aus Kolchis«.

Die Burgen im Selketal

Im Selketal gibt es weitere Burgen zu entdecken. Die Burg Falkenstein erfreut sich großer
Beliebtheit als Ausflugsziel. Weniger bekannt ist, dass auch eine Burg Alter Falkenstein exis-
tierte. Die spärlichen Reste der Ruine verstecken sich unter dem Erdreich hoch im Wald über
der Selke und sind nur schwer zu entdecken. Zu Beginn des 12. Jahrhunderts war der Alte
Falkenstein ein Lehen des Kaisers, das jedoch im Kampf gegen die aufständischen sächsischen Fürsten 1115 zerstört wurde. Die noch heute existierende Burg Falkenstein entstand,
nicht weit entfernt, nur fünf Jahre später. Mit ihren sieben Toren, dem Zwinger und drei Hals-
gräben war sie uneinnehmbar. Hier brachte Eike von Repgow das mündlich überlieferte Ge-
wohnheitsrecht seiner Zeit zu Papier und fasste es im berühmt gewordenen Sachsenspiegel
zusammen.
Nach dem Aussterben der Falkensteiner fiel die Burg den Herren des Halberstädter Domka-
pitels zu, welche die Burg für Verbotenes nutzten. Eines Morgens lag der Domherr, der Trunk,
Völlerei und Wollust am schlimmsten getrieben hatte, mit gebrochenem Genick im Burghof.
Schnell kam das Gerücht auf, der Teufel habe ihm den Hals umgedreht. Es muss wohl der Teufel Alkohol gewesen sein; der Pfaffe hatte im Suff Fenster und Tür im Turmzimmer verwech-
selt und war in die Tiefe gestürzt.
Heute befinden sich auf der Burg eine Gaststätte, ein Greifvogelgehege und ein mittelalter-
liches Museum, in dem Möbel, Waffen und Jagdgegenstände präsentiert werden. Zahlreiche
Märchenfilme der DEFA nutzten das alte Gemäuer als authentische Kulisse.
Burgen Falkenstein, 06543 Falkenstein: April–Okt. täglich 10–18 Uhr, Nov.–März Di–So, 10–
16.30 Uhr; Burggaststätte Krummes Tor: April bis Oktober: täglich 10 bis 18 Uhr, November
bis März: Di. bis So. 10 bis 17 Uhr; 30-minütige Vorführungen in der Falknerei: März bis
Oktober Di. bis Fr. 11.30 Uhr und 15 Uhr, Sa./So. um 11, 14 und 16 Uhr; www.falkenstein-
harz.de

Dicke Tannen, sanfte Wiesen,
muntere Bächlein im Südharz

Der Südharz

29 Benneckenstein

Wanderbare Loipe nach Sophienhof

mittel | 11 km | 4 Std. | ↑ 194 Hm ↓ 234 Hm

• **Tourencharakter**
Winterwanderungen sind anders – hier zählt jeder Kilometer doppelt, selbst wenn der Wanderweg präpariert ist; bei guten Bedingungen (kein Neuschnee) lässt sich die Tour jedoch problemlos meistern; unbedingt auf wetterfestes Schuhwerk und warme Bekleidung achten

• **Orientierung**
Bei gespurter Loipe problemlos, auch ausreichend beschildert

• **Höchster Punkt**
Vogelheerd, 634 m

• **Tiefster Punkt**
Haltestation Sophienhof der Harzquerbahn, 494 m

• **Ausgangspunkt**
Café Waldschlösschen (Parkplatz) bzw. Bahnhof in Benneckenstein

• **Anfahrt mit Bahn & Bus**
Harzquerbahn Quedlinburg–Nordhausen; www.hsb-wr.de

• **Gehzeit**
4 Std.

• **Einkehr**
Brauner Hirsch
Dorfstraße 42
99768 Ilfeld (OT Sophienhof)
Tel. 036331/481 44
www.braunerhirsch-sophienhof.de

• **Karte**
Naturpark Harz
Maßstab 1:50 000
ISBN 978-3-937929-81-1
www.kk-verlag.de

Eine Wanderung bei Eis und Schnee war früher ein gewagtes Unternehmen. Heute stiefeln wir von Benneckenstein nach Sophienhof auf freien Pfaden durch einen Wintermärchenwald. Trotzdem, auch bei optimaler Kalorienzufuhr und winterharter Ausrüstung, eine anstrengende, aber lohnende Tour. Für den Rückweg vertrauen wir uns einer dampflokgezogenen, gut gewärmten Eisenbahn an.

Kälte und Schnee gehören zum Harz wie die Hexen zum Brocken. Brauchten Winterwanderer bislang spezielle Schneeschuhe, um im Harz durch die weiße Pracht zu stapfen, finden sie jetzt immer mehr freie Wanderwege. Zu verdanken ist dies unter anderem einer Schneefräse, die nicht nur Loipen für Skilangläufer spurt, sondern zugleich Winterwanderwege anlegt. Im Sommer schmiegt sich das verschlafene Harzdörfchen Benneckenstein zwischen duftende Bergwiesen, die heute unter einer dicken Schneedecke schlummern. Der Ort strahlt zur Winterszeit erst recht eine behäbige Ruhe aus.

Unsere Winterwanderschaft beginnt bei Sonnenaufgang am Café Waldschlösschen in ❶ **Benneckenstein**. Wer vom Bahnhof kommt, muss erst durch den winterlichen Ort in Richtung Rothesütte am Hotel Harzhaus vorbeilaufen. Auf dem Rothesütter Fußweg wandern wir durch den tief verschneiten Wald. Selbst auf geräumten Wegen läuft es sich im Schnee

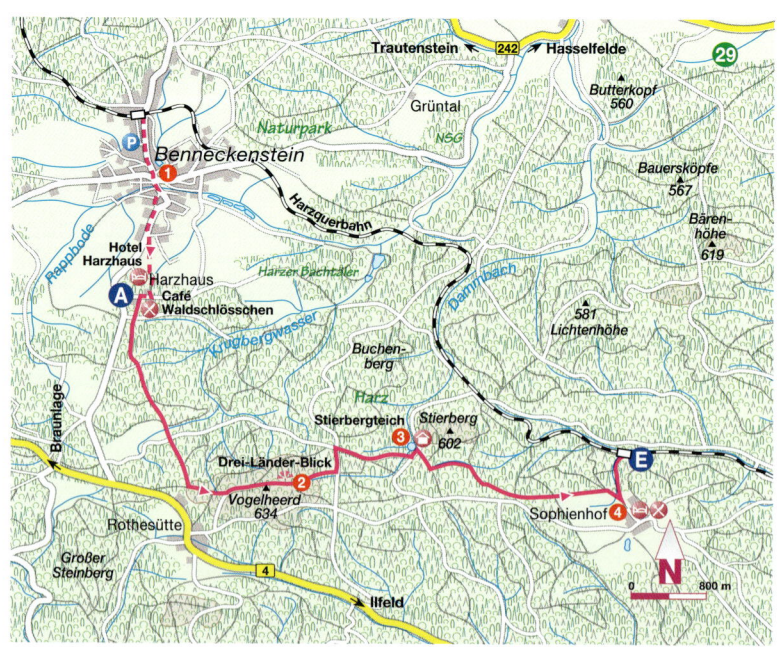

beschwerlicher und langsamer, aber die herrlich klare Luft, der traumhafte Anblick der schneebedeckten Tannen, das Gefühl, sich von allen Nebensächlichkeiten des Alltags zu entfernen, entschädigt für alle Mühe. Am Abzweig Kälbertränke geht es geradeaus und abwärts bis zur Schutzhütte an den Dammbachwiesen, dann bergauf bis zum Kammweg, dem wir nach links über den Vogelheerd bis zum Aussichtspunkt ❷ Drei-Länder-Blick folgen.

Aufwärmen Hinter dem Aussichtspunkt, am Kammende, biegen wir links ab und laufen abwärts bis zu einem breiteren Fahrweg, hier rechts. Dieser Waldweg führt uns zum ❸ Stierbergteich, der Name vom benachbarten, 602 Meter hohen Stierberg entliehen. Die Eisfläche knistert und die Sonne lässt Schneekristalle wie 1000 Diamanten glitzern und gleißen. Eine Schutzhütte mit trockenen Bänken. Stille. Ab und zu fällt lautlos Schnee von den Zweigen der hohen Fichten. Was für ein Ort zum Träumen! Wohl dem, der etwas Heißes zum Trinken im Gepäck hat … Wenn nicht: Bis zu unserem Ziel ❹ Sophienhof ist es nicht mehr weit. An der Schutzhütte geht es rechts bergauf, der zweite Weg links führt in Richtung Sophienhof. Nach etwa einem Kilometer kommt die Straße Rothesütte–Sophienhof in Sicht, wir bleiben jedoch auf dem Wanderweg, der jetzt am Waldrand entlangführt. Zur Rechten breitet sich eine weite Schneefläche aus, verschneite Dächer mit rauchenden Schornsteinen werden sichtbar und es dauert nicht lange, bis wir Sophienhof erreicht haben. Kurz vor dem Ort führt links ein Weg hinab zur Station der Harzquerbahn, mit der wir später den Rückweg nach Benneckenstein antreten werden. Zuvor aber gibt es erstklassige Gaumenfreuden und einen heißen Punsch im Gasthaus Brauner Hirsch zu genießen.

Benneckenstein – ein Ort von ohrenbetäubender Stille

Der Name Benneckenstein

Wie dieser urige Name entstand? Eine Alte kam von den Bergen herab, wo sie Heilkräuter und Brennholz gesammelt hatte, die sie in einer Kiepe – es ist eine wirklich sehr alte Geschichte – nach Hause trug. Die Kiepe war voll und schwer, die Frau setzte sich müde am Wegesrand nieder und schlief ein. Da kam ein Jägersmann daher, auch er müde von der Pirsch, und hielt Ausschau nach einem Plätzchen, um zu verschnaufen. Ausgerechnet auf die zusammengekauerte Alte, die er für einen Stein hielt, ließ er sich nieder; worauf diese sich im Harzer Dialekt empörte: »Benn eck en Stein?«

30 Dicke Tannen

Erkundung auf vergessenen Pfaden

mittel   14 km   4–5 Std.   ⇅ 683 Hm

• **Tourencharakter**
Mittlere Wanderung, überwiegend auf schmalen Waldwegen, aber auch auf breiten Fahrwegen; manche Passagen sind recht schmal und nach Regenfällen rutschig; längerer Anstieg zum Ebersberg

• **Orientierung**
Die Route folgt keiner durchgehenden Wandermarkierung; manche Wegkreuzungen erfordern etwas Orientierungssinn, allerdings ist das Gebiet nicht sehr weitläufig

• **Höchster Punkt**
Ebersberg, 692 m

• **Tiefster Punkt**
Neuer Teich, 425 m

• **Ausgangspunkt**
Ehemaliges Hotel Dicke Tannen, von Hohegeiß in Richtung Zorge; schon im Ort der Ausschilderung Skizentrum und Loipe folgen

• **Anfahrt mit Bahn & Bus**
Hohegeiß ist mit der Buslinie 265 der Harzer Verkehrsbetriebe (HVB) von Benneckenstein zu erreichen; Benneckenstein wird von der Harzquerbahn angefahren;
www.hvb-harz.de
www.hsb-wr.de

• **Gehzeit**
4–5 Std.

• **Einkehr**
Waldhaus Wolfsbachmühle
Wolfsbachtal
38700 Hohegeiß
Tel. 05583/93 91 92
So, Mo, Di geschlossen
www.wolfsbachmuehle.de

• **Karten**
Rad- und Wanderkarte
Harzer Grenzweg
Maßstab 1:40 000
ISBN 978-3-86973-038-7
www.kk-verlag.de

Unweit des alten Postwegs von Kassel nach Halberstadt eilte einst der Postbote bei Wind und Wetter, im Sommer wie im Winter, mit seiner Tasche voller Botschaften von Gehöft zu Gehöft, über den steinigen, steilen Briefträgerpfad unter dicken Tannen. Wir heften uns an seine Fersen, folgen ihm durch das wilde Wolfsbachtal, überqueren Bäche, streunen durch Wiesen, klettern über Felsen.

Baumschicksale Ausgangspunkt ist das ehemalige ❶ **Hotel Dicke Tannen**, das nach einem Kilometer von Hohegeiß auf einem asphaltierten Weg erreicht ist. Zurzeit baut man hier fleißig um, das Traditionshaus wird in Zukunft ausschließlich privat genutzt. Am Hotel laufen wir bergab in Richtung Naturdenkmal Dicke Tannen. Man kann nur staunen. Bis zu 400 Jahre alte Fichten, die im Harz auch Rottannen genannt werden, haben hier ihre natürliche Heimat. Fichten brauchen ein kühles und feuchtes Klima, wie man es eigentlich nur in Höhen über 900 Metern vorfindet. Leider sind viele Baumriesen mit 50 Meter Höhe und 1,5 Meter Durchmesser bereits gestürzt, ihre morschen Stämme bieten Spechten und Kleingetier ein willkommenes Quartier. Besonders reizvoll wirkt die Orgelfichte, deren Seitenäste senkrecht nach oben streben und wie die Orgelpfeifen nebeneinanderstehen.
Weiter führt der Weg bergab über die ❷ **Alte Bobbahn**. Schon im Mittelalter verlief hier eine Verbindung zwischen Süd- und Hochharz, im 18. und

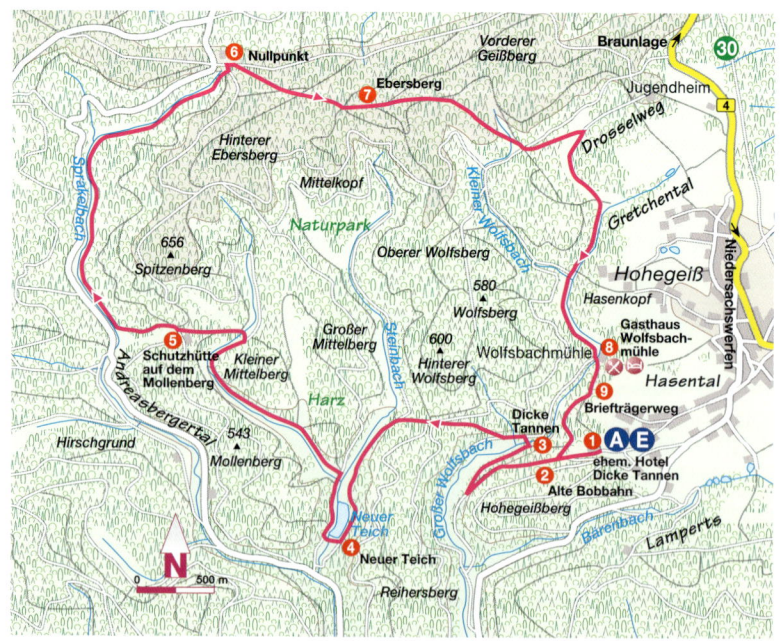

Umgestürzte Bäume im Wolfsbachtal, es duftet nach morschem Holz.

In der Nähe des Neuen Teichs stürzt die Zorge über schwarzen Fels.

19. Jahrhundert war er sogar Teil des Postwegs von Kassel nach Halberstadt. Später dann transportierten hier Holzfäller die geschlagenen Stämme und zum Beginn des 20. Jahrhunderts wurde zur Freude der Wintersportler eine Bobbahn daraus.

Ins Wolfsbachtal Nach 900 Metern zweigt rechts ein schmaler Waldweg ab, der zum unteren Bereich der ❸ Dicken Tannen im Wolfsbachtal führt, zu einem Platz mit rohgezimmerten Bänken, Informationstafel und einem Brücklein, über das wir einen Fahrweg erreichen, der nach links kräftig ansteigend aus dem Wolfsbachtal wieder hinausführt. Geradeaus geht es zum ❹ Neuen Teich, dessen stilles Wasser schon bald zwischen Bäumen aufblinkt. Den Wegweiser Zorger Wasserfall sollte man keineswegs ignorieren; wir folgen ihm wenige Schritte zu einem kleinen, romantischen Bach, der steil über eine schwarz glänzende Gesteinsstufe stürzt. Der Neue Teich wurde 1780 angelegt und diente als Reservoir für den Antrieb der Wasserräder in der Zorger Hütte. Auf jeden Fall lohnt es sich, hier länger zu verweilen, die Stille zu genießen, den Teich vielleicht auf dem ausgeschilderten Pfad zu umrunden. Gelbe Königskerzen und Roter Fingerhut blühen, aus den Wiesen leuchten pinkfarbene Steinnelken und blaue Wiesenglockenblumen, es riecht angenehm aromatisch nach Bärwurz, aus der man im Bayerischen den beliebten Kräuterschnaps brennt.

Auf der anderen Seite des Damms wandern wir auf dem Fahrweg zunächst nach rechts und biegen bald nach links ins Große Buchmannstal ab. Weiden säumen den Bachlauf. Wir erreichen die Schutzhütte auf dem ❺ Mollenberg, geradeaus geht es 500 Meter hinab ins Andreasbergertal. Im Grund wenden wir uns nach rechts und laufen durch das Sprakelbachtal 2,5 Kilometer bis zum sogenannten ❻ Nullpunkt.

Am Wegstern Der Nullpunkt mit 603 Metern über dem Meeresspiegel bildet die Wasserscheide zwischen dem Nordharz mit den Flüssen Brunnenbach und Bode und dem Südharz mit Zorge und Helme. Hier treffen mehrere Wege aufeinander, die Orientierung wird etwas schwieriger, wir müssen in kurzen Abständen kleine Waldwege wechseln. Zunächst also nicht den Horizontalweg nehmen, sondern in den zweiten Weg rechts abbiegen und gleich nochmals rechts auf den Wurzelstieg, der zum ❼ Ebersberg führt. Ein dichter Teppich aus Vogelmiere dämpft unsere Schritte. Durch jungen Fichtenwald geht es bergauf, nach 900 Metern ist der Ebersberg-Kammweg erreicht. Wir folgen ihm nur 300 Meter nach links, dann zweigt halbrechts ein schmaler Waldpfad ab. Wieder treffen wir auf den Wurzelstieg und wandern den Ebersberg hinab Richtung Hohegeiß, bis die asphaltierte Wolfsbachstraße kreuzt; halblinks öffnet sich abermals ein schmaler Wanderweg, der uns bis zum Drosselweg führt; hier gehen wir rechts. Drosselgesang können wir nicht wahrnehmen, doch Buchfinken und Meisen begleiten uns zum Gretchental. Wir wenden uns nach rechts; nach 900 Metern durch einen Wiesengrund mit üppigen Weidenröschen – wir sind jetzt wieder am schon erwähnten Wolfsbach – erreichen wir das ❽ Gasthaus Wolfsbachmühle.

Stille Post Eine wohlverdiente Stärkung im Gasthof gibt uns Kraft für den letzten verschwiegenen Pfad, den ❾ Briefträgerweg, der uns zum Hotel Dicke Tannen zurückführt. Das Finale hat es in sich; anfangs steil in den Wald hinauf, dann am Hang des Wolfsbachs entlang. Bis 1963 wurde dieser Pfad täglich vom Briefträger genutzt – ein abenteuerlicher Dienst, im Zeitalter von E-Mail und SMS kaum noch vorstellbar. Vermutlich sind wir nach dieser anstrengenden und abwechslungsreichen Tour matter als einst die Briefträger.

Roter Fingerhut

Der Rote Fingerhut (Digitalis purpurea) galt lange Zeit als Pflanze, aus der die Hexen ihren Zaubertrank brauten. In der Tat ist der Fingerhut äußerst giftig, in England, Irland und Norwegen erkannte man aber schon früh seine heilenden Kräfte. Äußerlich angewendet, half Fingerhut bei Wochenbettfieber, Geschwüren, schlecht heilenden Wunden und Kopfweh. In deutschen Kräuterbüchern wurde die Pflanze erstmals im 16. Jahrhundert beschrieben. Im 18. Jahrhundert entdeckte ein englischer Arzt die heilsame Wirkung des Fingerhuts bei Herzerkrankungen und noch heute werden die in ihm enthaltenen Digitalisglykoside zur Therapie bei Herzversagen eingesetzt. In Deutschland wachsen außer dem Roten Fingerhut der Großblütige sowie der Gelbe Fingerhut. Beliebt ist das wunderschöne Gewächs auch als Zierpflanze in heimischen Gärten.

Ein romantisches Fleckchen – das Gasthaus Wolfsbachmühle Oben: Brauten die Hexen tatsächlich aus dem prächtigen Roten Fingerhut einen Zaubertrank?

31 Grünes Band

Wandern im Grenzbereich

schwer	18 km	5–6 Std.	↑ 324 Hm ↓ 666 Hm

• Tourencharakter
Längere Wanderung, zumeist über schmale Waldstiege; im Prinzip geht es ständig bergab, unterbrochen von kurzen, steilen Anstiegen

• Orientierung
Einfach; die Route ist als Grünes Band und als Harzer Grenzweg gekennzeichnet

• Höchster Punkt
Hohegeiß, 643 m

• Tiefster Punkt
Walkenried, 260 m

• Ausgangspunkt
Parkplatz Brockenblick an der B4 in Hohegeiß

• Anfahrt mit Bahn & Bus
Hohegeiß ist mit der Buslinie 265 der Harzer Verkehrsbetriebe (HVB) von Benneckenstein zu erreichen; Benneckenstein wird von der Harzquerbahn angefahren; der Zielort Walkenried gehört zum Schienennetz der Deutschen Bahn;
www.hvb-harz.de
www.hsb-wr.de
www.bahn.de

• Gehzeit
Insgesamt 5–6 Std.

• Einkehr
Unterwegs keine

• Karte
Rad- und Wanderkarte Harzer Grenzweg
Maßstab 1:40 000
ISBN 978-3-86973-038-7
www.kk-verlag.de

Von den vergessenen Pfaden rund um Hohegeiß gelangen wir über das Grüne Band, das Naturschutzprojekt an der ehemaligen innerdeutschen Grenze, durch unberührte Natur zu den geheimen Wegen der Walkenrieder Mönche im Südharz. Dieser in der Vergangenheit nicht zugängliche Streifen des Harzes diente damals wie heute vielen seltenen Tieren und Pflanzenarten als Rückzugsgebiet.

Schotter statt Beton Am Parkplatz Brockenblick in ❶ Hohegeiß geht es auf dem Grenzweg südwärts. Bald ist die Straße Hohegeiß–Benneckenstein überquert und wir laufen auf dem früheren Kolonnenweg schnurgeradeaus. Die Betonplatten sind inzwischen gut gehbarem Schotter gewichen, auch nimmt man von der alten Grenze nicht mehr viel wahr. Nach fünf Kilometern erreichen wir den ❷ Drei-Länder-Stein; er liegt etwas versteckt im Gebüsch und markiert den Punkt, wo sich die Bundesländer Niedersachsen, Sachsen-Anhalt und Thüringen berühren. Nachdem wir die B4 überquert haben, wo zeitweise eine Feldküche den Wanderer versorgt, geht es ein Stück über den

Grünes Band

Das Naturschutzprojekt Grünes Band entstand nach der Wiedervereinigung. Auf 1400 Kilometern, entlang der Grenze zwischen Travemünde an der Ostsee und dem Dreiländereck bei Hof, hatte sich in den Jahren der deutschen Teilung die Natur ungestört von menschlichen Einflüssen entwickeln können. Besondere Bedeutung kommt der verbindenden Wirkung des Grünen Bandes zu, das die im dicht besiedelten Mitteleuropa oft isolierten Naturschutzgebiete, National- und Naturparks miteinander verknüpft. Tiere und Pflanzen können »wandern«, sich ausbreiten, was den Erhalt der Artenvielfalt fördert.

Kolonnenweg, bis links ein schmaler Waldweg (mit dem Grünen Band markiert) in die Wildnis des ❸ **Großen Ehrenbergs** abbiegt. Ruhe, unberührte Natur, tiefer Tann; so gelangen wir zum Ehrenplan, einer Wegkreuzung mit Schutzhütte zu Füßen des bewaldeten Ehrenbergs.

Die besten Aussichten Dem hier wieder auftauchenden Plattenweg folgen wir jetzt nur ein kurzes Stück; bevor es bergauf geht, schwenken wir nach rechts in den jungen Wald hinein. Hier ist der Pfad sehr schmal, manchmal im Gras kaum zu erkennen. Eine Rast sollte man sich auf dem Längenberg gönnen, am ❹ **Sülzhaynblick** schaut man weit ins Thüringer Land hinein. Der Grenzweg verläuft auf- und absteigend auf wurzelholprigem Saumpfad über die Höhe, bis die ❺ **Schwangere Jungfrau** erreicht wird. Der geheimnisumwitterte Name, schon früh in den Karten aufgeführt, bezeichnete eine alte Grenzeiche, später den Grenzstein. Auch die Episode von einem Förster, der sich und seine schwangere Geliebte tötete, erzählt man noch heute. Zum ❻ **Aussichtspunkt Wendeleiche** ist es nur knapp ein Kilometer, jedoch sehr steil. Der Aussichtspunkt liegt auf 586 Meter Höhe, über die grünen Wälder hinweg erblicken wir den Brocken. Den Namen erhielt der Ort, als 1901 eine Aussichtskanzel mit Wendeltreppe an eine Eiche angebracht wurde; beide sind längst vergangen.

An der Grenze Von der ehemaligen Grenze sind nur einige Grenzpfosten erhalten geblieben. Ein Kuriosum ist die ❼ **Zwei-Länder-Eiche**, sie hat zwei Stämme, von denen sich der eine nach Osten, der andere nach Westen neigt. Ein schwarz-rot-goldener Stempelkasten weist nachdrücklich auf die Symbolträchtigkeit dieses Ortes hin. Der Ausschilderung Grünes Band folgen wir zum ❽ **Spitzen Winkel** und zur Straße Zorge–Ellrich; auf dem Kolonnenweg erreichen wir ❾ **Walkenried**.

Oben: Treffen der Mohrenfalter
Linke Seite: Die Natur überwindet schnell alle Grenzen.

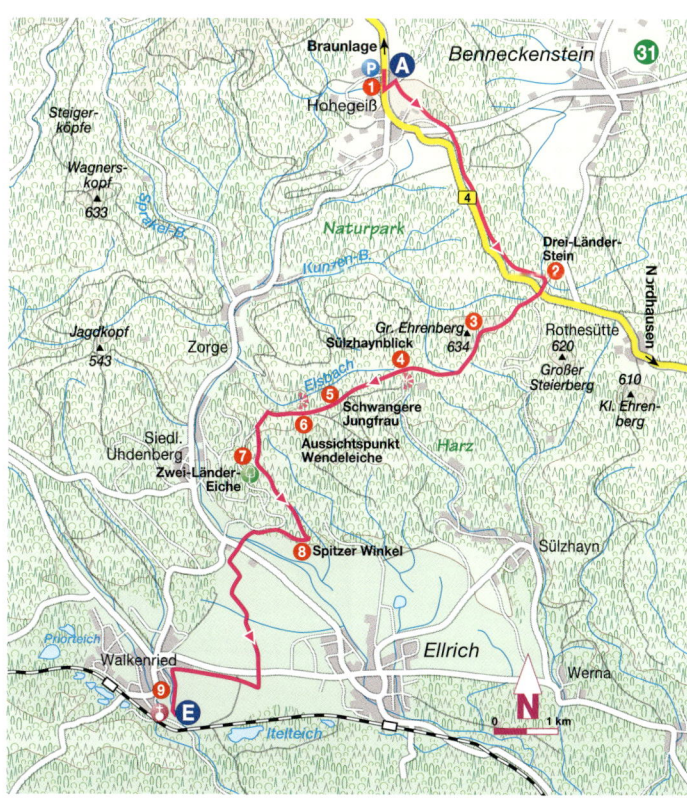

32 Itelklippen

Den Mönchen auf den Fersen

leicht | 10 km | 3 Std. | ↓↑ 238 Hm

• **Tourencharakter**
Einfache Wanderung durch die Südharzer Karstlandschaft; stellenweise rutschige An- und Abstiege, die gutes Schuhwerk erfordern

• **Orientierung**
Einfach; die Wanderwege um Walkenried sind ausgeschildert

• **Höchster Punkt**
Himmelreich, 321 m

• **Tiefster Punkt**
Walkenried, 260 m

• **Ausgangspunkt**
Der Parkplatz an der Klosterruine Walkenried ist weiträumig ausgewiesen

• **Anfahrt mit Bahn & Bus**
Walkenried kann man mit den Regional-Express-Zügen der Deutschen Bahn erreichen; www.bahn.de

• **Gehzeiten**
Walkenried–Itelklippen–Walkenried 1.30 Std., Walkenried–Höllsteinklippen–Walkenried 1.30 Std.; insgesamt gut 3 Std.

• **Einkehr**
In Walkenried gibt es mehrere Gaststätten mit Biergarten, darunter auch das Klostercafé

• **Karten**
Stadtplan und Wanderkarte Bad Sachsa
Maßstab 1:25 000
ISBN 978-3-937929-38-5
www.kk-verlag.de

Vom Zisterzienserkloster Walkenried über das geheimnisvolle Flüsschen Wieda, das hier unter dem Kiesel verschwindet, durch hohen Buchenwald mit riesigen Wurzelkunstwerken, über den Hexentanzplatz bis hinauf auf die hell über dem Itelteich schimmernden Kalkhänge: die Itelklippen. Hier müssen sich die Mönche himmlisch gefühlt haben – sie nannten diese Höhe Himmelreich.

Ins Himmelreich Die Rundwanderung beginnt am ❶ **Parkplatz der Klosterruine**, führt zunächst auf einer kleinen Fußgängerbrücke über die Wieda, die hier im Sommer langsam versickert, 250 Meter weiter fällt das Flussbett trocken – in den Karstlandschaften des Südharzes ein häufig zu beobachtendes Phänomen. Wir folgen dem ausgeschilderten Rundweg 2, der am Wald entlangführt und sich zwischen Feldern zur ❷ **Bahnschranke** hinschlängelt. Vor der Bahnschranke geht es links, bis man einen auffälligen toten Baum erreicht, den die Spechte zu ihrem Hochhaus umgebaut haben. Über und über ist der immer noch gewaltige Stamm von ihren Höhlen durchlöchert.
Nun steigt der Weg links an zum ❸ **Himmelreich**, eine Anhöhe, von den Mönchen so getauft. Im Bergesinneren befindet sich eine große Höhle, die in der Mitte des 19. Jahrhunderts bei den Tunnelarbeiten für den Bau einer Eisenbahnstrecke entdeckt wurde. Eine Sensation war die Haupthöhle mit

382 Meter Länge und einer Höhe von 15 Metern, ähnlich imposant wie die berühmte Baumannshöhle in Rübeland. Gerne wollte man auch die Himmelreichhöhle für Besucher zugänglich machen, doch Experten kamen zu dem Schluss, dass ein öffentlicher Zugang zu gefährlich sei. Eine richtige Entscheidung, wie sich herausstellte, denn bei den Bauarbeiten und nach Inbetriebnahme des Tunnels kam es immer wieder zu Steinstürzen, bedingt durch die Gipsauslaugung im Berg. 1935 wurde sogar der Tunneleingang verschüttet und musste wieder freigesprengt werden. Bevor wir das Himmelreich in nur 321 Meter Höhe betreten (rechterhand schimmert das Blau des Itelteichs durch die Bäume), weist ein Schild linkerhand zum Hexentanzplatz.

Hexentanzplatz Es gibt also noch mehr Hexentanzplätze im Harz als den bekannten hoch über Thale. Der kleine ❹ **Hexentanzplatz** auf dem Himmelreich war ursprünglich eine Kultstätte der Chatten, eines mit den Hessen verwandten germanischen Volksstamms. Später zelebrierte man, in alter germanischer Tradition wurzelnd, das Pfingstfest. Die Ellricher Burschen führten an diesem Festtag vor Sonnenaufgang die Mädchen des Ortes hier hinauf. Die Pfingstbräute trugen einen Birkenzweig und bildeten singend und tanzend einen Kreis. Mit verbundenen Augen mussten die Pfingstburschen nach einem Birkenreisig haschen, deren Trägerin nun für ein Jahr seine Tanzpartnerin wurde. Der Begriff Hexentanzplatz deutet also nicht nur auf die Walpurgisnacht hin, sondern auch auf Fruchtbarkeitsriten und Brautschau. Kein Wunder, dass den asketisch lebenden Mönchen dieser Ort wie der Himmel auf Erden erscheinen musste. Uns beschert er einen herrlichen Ausblick auf den Ort Ellrich und die Berge des Südharzes.

Über dem Wasser Weiter führt uns der Weg über die ❺ **Itelklippen**, dicht an der Felskante entlang; uralte Buchen klammern sich mit ihren mächtigen Wurzeln ans Erdreich und entwickeln dabei wahre Wurzelkunstwerke. Die ältesten Bäume sind 250 Jahre alt, teilweise brechen sie um, werden morsch und stürzen die Klippen hinab. Eine steile Waldtreppe führt vom Himmelreich wieder hinab auf die Erde. Wir stoßen auf einen Uferweg, der uns an der schilfbewachsenen Südseite des ❻ **Itelteichs** entlangführt. Kurz bevor die Bahnschienen, auf der gegenüberliegenden Seite des Teiches verlaufend, im

Walkenried

Zisterzienser gründeten 1120 in Walkenried ihr drittes Kloster in Deutschland. Schon 80 Jahre später ersetzte man den romanischen Bau durch einen größeren im gotischen Stil. In den Bauernkriegen des 16. Jahrhunderts wurde die Abtei geplündert, die gotische Klosterkirche verfiel und wurde für rund 150 Jahre als Steinbruch genutzt. Erhalten geblieben sind lediglich der doppelschiffige Kreuzgang (heute finden hier die Walkenrieder Kreuzgangkonzerte statt) und das Dormitorium, der Schlafsaal der Mönche, der jetzt das Museum zur Geschichte des Klosters und der Zisterzienser beherbergt. Überaus eindrucksvoll sind die freistehende Chorruine und die wenigen erhaltenen Teile der Klosterkirche. Das Kloster Walkenried gehört zum UNESCO-Weltkulturerbe.

Linke Seite: Die Chorruine in Walkenried, ein beeindruckendes Monument klösterlicher Kultur

Tunnel verschwinden, endet der Weg … also umkehren. Der Itelteich wurde von den Mönchen angelegt, ein Damm staut das Wasser aus den Karstquellen auf, auch die Wasser der versickerten Wieda finden sich hier wieder. Der Itelteich fließt unterirdisch ab, geradewegs in eine Höhle unter der mächtigen weißen Itel-Felswand, die vom Teichufer her beeindruckend wirkt.

Mehr Teiche Vom Itelteich geht es über einen Asphaltweg zur Bahnschranke und auf bekanntem Weg zurück nach Walkenried. Wir sind auf den Geschmack gekommen und wollen die kleine Wanderung mit einer Runde um die ❼ **Walkenrieder Fischteiche** ausdehnen. Das einstige Sumpfland westlich vom Kloster wurde im Mittelalter von den Mönchen zu einer Fischteichlandschaft umgestaltet, die im Süden von den Gipsbergen der Höllsteinklippen begrenzt wird. Vom Kloster erreicht man die Fischteiche über den ausgeschilderten Karstwanderweg. Am Ortsausgang, an der Straße nach Neuhof, beginnt das Naturschutzgebiet Priorteich-Sachsenstein. Im Höllteich springen fette Karpfen nach Insekten, Schwäne ziehen vorüber, überall flattert und zirpt es, denn natürlich sind die Walkenrieder Fischteiche ein wahres Eldorado für Wasservögel, Libellen und Amphibien.
Der Karstwanderweg führt als schmaler Waldpfad über die Klippen, die Teiche unterhalb reihen sich wie ein Patchworkteppich aneinander, durch schmale Deichwege mit dicken Schilfgürteln voneinander getrennt. In den ❽ **Höllsteinklippen** entdecken wir Quellhöhlen, Zwergenlöcher genannt. Zufluss von Wasser verwandelt Anhydritgestein zu Gips. Es wölbt sich zu Gesteinsblasen auf, die mehrere Meter Durchmesser erreichen und bis zu einem Meter hoch werden. Schließlich bricht die Blase ein, hinterlässt eine Höhle, in der – wie könnte es im sagenhaften Harz anders sein – Zwerge hausen. An der alten ❾ **Sachseneiche** steigen wir hinab und folgen dem Wanderweg 1 zwischen den Fischteichen hindurch zurück nach Walkenried.

Oben: Das Vergissmeinnicht
Linke Seite: Die Itelklippen
Unten: Blick von den Höllsteinklippen
auf die Walkenrieder Fischteiche

33

Steinmühlental

Kultplatz aus dem Atlantischen Zeitalter?

leicht 12 km 3 Std. ↑↓ 609 Hm

• **Tourencharakter**
Einfache Wanderung auf Forstwegen und teils schmalen, aber unschwierigen Pfaden

• **Orientierung**
Einfach; der Beschilderung Steinmühlental bzw. Rothesütte und zurück zum Braunsteinhaus folgen

• **Höchster Punkt**
Giersberg, 567 m

• **Tiefster Punkt**
Fuhrbach, 286 m

• **Ausgangspunkt**
Wanderparkplatz am Braunsteinhaus, 296 m. Von der Kreisstraße Ilfeld–Appenrode (K2) nach 1 km rechts der Ausschilderung zum Braunsteinhaus folgen, 1,5 km auf ungepflastertem Fahrweg bis zum Parkplatz

• **Anfahrt mit Bahn & Bus**
Ilfeld besitzt einen Bahnhof der Harzquerbahn; von hier zum Ortszentrum und links in Richtung Appenrode; vor dem Ortsende rechts, am Friedhof vorbei und weiter am Waldrand entlang zur Braunsteinhausstraße, knapp 4 km Fußweg; www.hsb-wr.de

• **Gehzeiten**
Braunsteinhaus–Steinmühle 1.20 Std., Steinmühle–Braunsteinhaus über den Giersberg 1.40 Std.; insgesamt ca. 3 Std.

• **Einkehr**
Waldgaststätte Braunsteinhaus
99768 Ilfeld
Tel. 036331/311 10
geöffnet 11–18 Uhr,
Mo, Di Ruhetag
www.braunsteinhaus.de

• **Karte**
Naturpark Harz
Maßstab 1:50 000
ISBN 978-3-937929-81-1
www.kk-verlag.de

Warum sehen wir überall Gesichter? Im Harz kann man sich gar nicht davor retten; die markanten Klippen verlocken seit jeher zu bildhaften Vergleichen, zu Allegorien. Bekannte Beispiele sind der Mönch bei Ilfeld und der Alte vom Berg über dem Okertal. Eine ganze Sammlung solcher Steingötzen versteckt sich in dem fast vergessenen Steinmühlental zwischen Rothesütte und Appenrode.

Vergessenes Tal Das abgelegene Steinmühlental verdankt seinen Namen einer Mühle und den schroffen Felsen, unter denen sich einst das Mühlrad drehte. Das Gebäude der Steinmühle existiert seit 100 Jahren nicht mehr. Unsere Wanderung zu den Felsen beginnt am ❶ **Braunsteinhaus**, dem ehemaligen Zechenhaus einer Bergbaugrube, heute eine nette Ausflugsgaststätte. Nahe des Gasthauses ist ein breiter Weg über den bewaldeten Bergrücken zum Steinmühlental ausgeschildert. Nach zwei Kilometern erreichen wir ein bilderbuchgleiches Wiesental, durch das wir nach rechts in Richtung Rothesütte wandern. Wir überqueren den Fuhrbach, der Weg steigt gemächlich an.

Voreiszeitliche Kultstätte oder faszinierende Gesteinsformation? Unvermittelt öffnet sich der Felsenkessel der ❷ **Steinmühle**. Die Steinkolosse drängen sich von beiden Hängen des Tals zum Weg hinab, fast wie ein Tor zu einer anderen Welt. Das muss sich auch der Kultstättenforscher Professor Siegfried

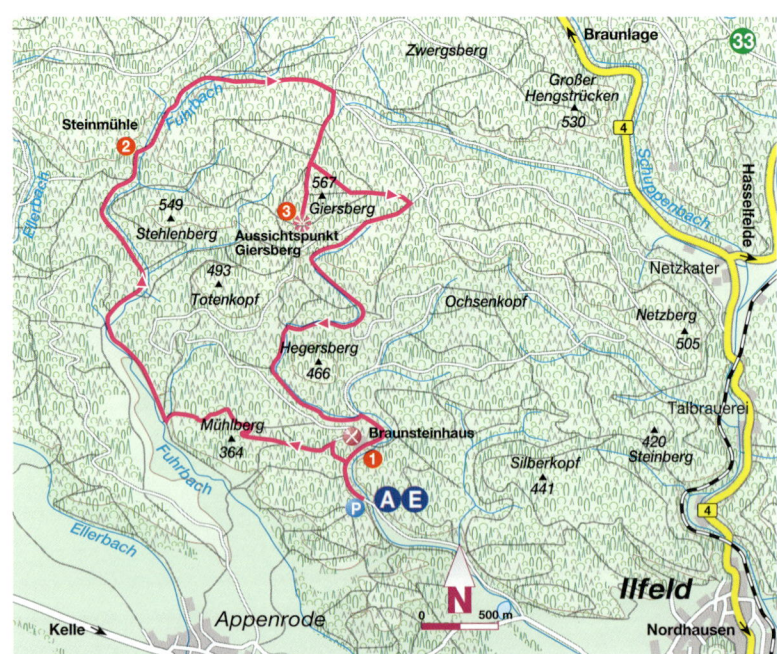

Eine Steinsäule mit dem Gesicht eines Wächters hütet den Goldborn. Unten: Die Kelle, ein sagenhafter See

Die Kelle

Schon seit dem Mittelalter kennt man den unterirdischen See, der sich in einer Höhle, Kelle genannt, südlich von Appenrode im Wald versteckt. Mit etwas Fantasie entdecken wir im schimmernden Wasser des kleinen Grottensees ein trauriges Mädchengesicht. Der Sage nach handelt es sich um ein junges Ding, das von ihrem Verlobten verlassen worden war und sich den Tod herbeisehnte. Da wuchs vor ihr aus dem Nichts eine riesenhafte Männergestalt: ein Maurer. Er ließ seine Riesenkelle mit Wucht auf den Boden krachen, die Erde öffnete sich und riss das Mädchen hinab.

Die Höhle war ursprünglich 85 Meter lang, durch eine Öffnung fiel Tageslicht auf den Höhlensee. Bis zur Reformation diente die Kelle sogar als Wallfahrtsort, der Priester tauchte sein Kreuz ins Wasser, segnete die Pilger und prophezeite: »Wenn ihr schaut die Kelle, so kommt ihr nicht in die Hölle!« Im 19. Jahrhundert, in der Zeit der Romantik, war die Kelle ein beliebtes Ausflugsziel, hier wurde manches Fest gefeiert. Durch die im Karstgebiet häufigen Erdrutsche zerfiel die Höhle, aber noch heute kann man in den weiten Erdfall zur halboffenen Grotte mit dem geheimnisvollen See hinabsteigen.

Hermerding gedacht haben, als er im Frühjahr 1994 das Tal besuchte. »Er begann sofort mit monoton beschwörender Stimme auf die Steine einzureden und hielt dabei in der rechten Hand einen Schwingstab, mit dem er die aus den Felsen zurückströmende Energie zu messen vorgab«, notierte der Reporter einer ortsansässigen Zeitung. Es bedarf allerdings keiner ausgeprägten Fantasie, sich diesen Ort als vorzeitliche Kultstätte und Kraftort vorzustellen: Gegenüber dem Goldborn, dem noch vorhandenen Brunnen der Steinmühle, öffnet sich wie ein antikes Theater ein weites Felsenhalbrund, ein idealer Platz für kultische Inszenierungen. Professor Hermerding erkannte in diesen Felsen das Gesicht der Roten Sonne mit einem geschlossenen und einem offenen Auge, die nordische Frühlingsgöttin Ostara oder den Atlantischen Christ mit einer Kreuzzeichnung. In zwei Schriften schilderte der Professor das Steinmühlental als eine 50 000 Jahre alte Kultstätte des »Atlantischen Zeitalters«, was aber bislang durch keine weiteren Untersuchungen bestätigt wurde. Wir jedenfalls finden den Ort faszinierend … hier zieht es uns immer wieder hin.

Dazu trägt auch die herrliche Waldlandschaft des Südharzes bei. Etwa 500 Meter hinter den Steinmühlenfelsen geht es rechts ab zu einer platzartigen Erweiterung mit einem großen Ahornbaum; von hier führt ein Abstecher zum ❸ Aussichtspunkt Giersberg. Zurück folgen wir den Wegweisern zum Braunsteinhaus. Der Weg führt durch einen feuchten Grund – ein wunderschöner Pfad, ein tolles Erlebnis, vor allem mit wasserdichten Schuhen.

34 Netzkater

Wie der Kater ins Netz ging

mittel | 16 km | 4–5 Std. | ↑↓ 918 Hm

• Tourencharakter
Mittelschwere Tour, vor allem zu
Beginn sind steile Anstiege zu be-
wältigen; der Rückweg durch das
Naturschutzgebiet Brandesbachtal
verläuft auf breitem Fahrweg

• Orientierung
Mittelschwer; die Ausschilderung
ist gewöhnungsbedürftig; oft muss
man einige Meter den Weg hinein-
laufen, bevor eine Markierung oder
der Wegweiser zu entdecken ist

• Höchster Punkt
Poppenberg, 601 m

• Tiefster Punkt
B4 bei Ilfeld, 289 m

• Ausgangspunkt
Wanderparkplatz am Netzkater,
von der B81 in Richtung Bergwerk
Rabensteiner Stollen

• Anfahrt mit Bahn & Bus
Der Netzkater hat einen eigenen
Bahnhof der Harzquerbahn
Nordhausen–Wernigerode;
www.hsb-wr.de

• Gehzeiten
Netzkater–Gänseschnabel
1–1.30 Std., Gänseschnabel–
Hufhaus 2 Std., Hufhaus–Netzkater 1–1.30 Std.; insgesamt
4–5 Std.

• Einkehr/Übernachtung
Ausflugshotel Hufhaus-Harzhöhe
Hufhaus 1
99768 Ilfeld
Tel. 036331/481 25
www.hotel-hufhaus.de

• Karte
Naturpark Harz
Maßstab 1:50 000
ISBN 978-3-937929-81-1
www.kk-verlag.de

Was ist ein Netzkater? Ein gefangener Luchs vielleicht oder wenigstens
eine Wildkatze? Oder doch nur ein Ort im Südharz mit Rastplatz, Imbiss, einem nostalgischen Bahnhof der Harzquerbahn und einem düsteren Stollen, aus dem in vergangenen Zeiten Steinkohle gefördert
wurde? Wir kommen dem Geheimnis auf die Spur, das sich hinter diesem eigenartigen Namen verbirgt.

Des Rätsels Lösung Gleich am Bahnhof ❶ **Netzkater**, der sich auch auf einer
Modelleisenbahn gut ausnehmen würde, stehen die winzigen Grubenloko-
motiven des Rabensteiner Stollens. Sie entführen die Gäste des Besucher-
bergwerks in das geradezu zwergenhaft wirkende Stollenportal. Uns aber
zieht es zu den Tälern und Höhen und den sagenumwobenen Felsen des Südharzes. Der Zutritt liegt versteckt hinter den Gebäuden des Bergwerks und
steigt dann als breiter Weg in Richtung Poppenberg bergan. Bald öffnet sich
ein schöner Blick ins Brandesbachtal, ein bemerkenswertes Naturschutzgebiet, das wir uns auf dem Rückweg näher anschauen werden. Etwa 300 Meter
hinter dem Aussichtspunkt Schillers Ruh erreichen wir einen Fahrweg, auf
dem wir bis zum ❷ **Drei-Täler-Blick** laufen. Vom Aussichtspunkt, der etwas
unterhalb der Schutzhütte liegt, erblicken wir den Netzkater; hier treffen das
Kalte Tal, das Ilfelder Tal und das Brandesbachtal aufeinander. Deutlich zu erkennen sind die Gleise der Harzquerbahn neben grünen, sumpfigen Wiesen,

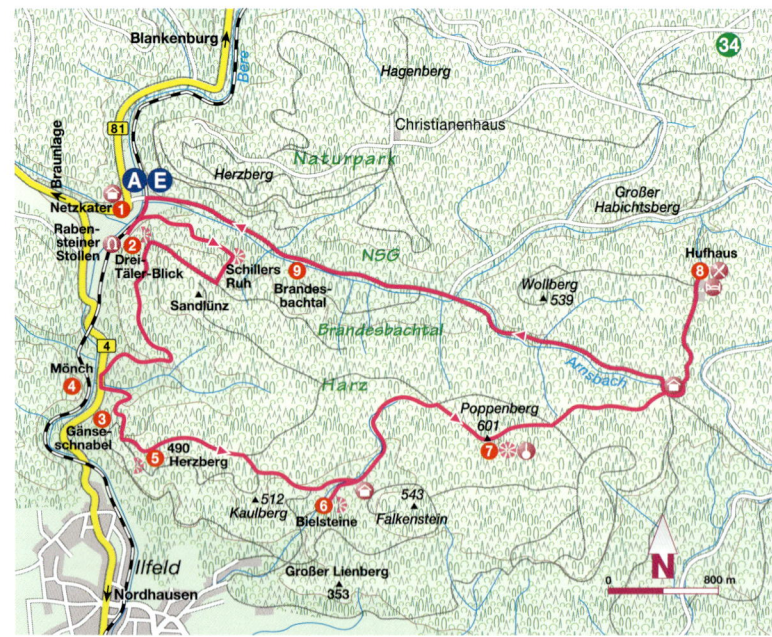

Netzwiesen genannt. Wir nähern uns der Lösung des Geheimnisses: Die üppigen Auen sind trocken gefallene Fischteiche, die einst von den Mönchen des nahen Klosters Ilfeld angelegt wurden. In einer Kate bewahrten sie die Netze für den Fischfang auf … so entstand der Name Netzkater.

Mönch und Gänseschnabel Auf einem Forstweg laufen wir weiter locker bergab. Bevor der Geräuschpegel der Bundesstraße im Tal zu sehr ansteigt, biegen wir links in einen versteckt liegenden Pfad ein, der durch jungen Wald in Richtung Ilfelder Waldbad führt. Fast stoßen wir auf die Bundesstraße, laufen kurz nach links parallel zu ihr, gleich wieder links steil hoch, dann über einen rechts abzweigenden Waldweg, über den wir im Zick-Zack die Höhe

Der Schwarzstorch lebt auf den Feuchtwiesen des Brandesbachtals bei Netzkater.

Prächtige Trollblumen im Brandesbachtal, auch Butterkugel oder
Goldköpfchen genannt

erklimmen. Schroffe Felsbrocken geben einen Vorgeschmack auf den ❸ **Gänseschnabel**, eine merkwürdig geformte, hoch über dem Ilfelder Tal aufra-
gende Felssäule aus Porphyr. Am gegenüberliegenden Berghang reckt sich
das Gegenstück, ❹ **Mönch** genannt. Eine alte Erzählung erklärt die Namen
der Felsen so: Ein Mönch des Klosters Ilfeld verliebte sich in eine arme Gänseliesel. Die beiden trafen sich heimlich im Wald und nur die Waldgeister
wussten von dem großen Glück. Leider erfuhr auch eine Hexe von der Liebe
und hatte nichts anderes zu tun, als den Mönch zu verhexen – sein verstei-
nertes Gesicht ist bis in die heutige Zeit zu erkennen. Auf der anderen Seite
des Tales bejammerte die Gänseliesel den Verlust ihres Geliebten und auch sie
wurde in einen Fels verwandelt, eben den Gänseschnabel.

Vom Gänseschnabel kann man nach Ilfeld hinuntersteigen. Eingedenk des
unüberhörbaren Verkehrs auf der Bundesstraße flüchten wir lieber ein kurzes Stück zurück und schlagen den Weg zur Wetterfahne ein.

Die Wetterfahne steht auf dem 490 Meter hohen ❺ **Herzberg** mit Aussicht
auf das Südharzer Vorland. Wir wandern über einen Bergrücken in Richtung
Osten, erreichen eine Kreuzung mit Schutzhütte und folgen dem Weg bis zu
den von einer Aussichtskanzel bekrönten Bielsteinen. Die ❻ **Bielsteine** sind

Der Gänseschnabel soll
eine verhexte Gänseliesl sein.

Herbstlicher Frühdunst verzaubert die Bergwelt im Südharz.

nach dem weniger bekannten Waldgott Biel benannt, der hier seinen Thron hatte. Er wurde von den Waldleuten des Südharzes verehrt, die ihn mit Essen und Trinken versorgten. Als die Christianisierung auch die entlegensten Waldsiedlungen erreichte, war es vorbei mit der heidnischen Waldeslust und der Waldgott Biel musste fortan für sein Wohlergehen selber sorgen.

Wir steigen ins Gottestal hinab und laufen links auf einem bequemen Forstweg bis zu einem Wegstern mit Schutzhütte. Wer der Weitblicke nicht genug bekommen kann, wählt den Anstieg rechts zum 601 Meter hohen ❼ **Poppenberg** mit seinem 33 Meter aufragenden Aussichtsturm. Kürzer jedoch ist der gewundene Schotterweg vom Wegstern geradeaus; so oder so gelangen wir zu einem großen Platz, auf dem häufig Holzstämme gelagert werden. Jetzt haben wir schon ein gutes Stück Weg hinter uns und die Verlockung des Schilds ❽ **Hufhaus** wirkt unwiderstehlich. Auch wenn der Wegweiser zum Gasthaus den Verdacht aufkommen lässt, es habe vielleicht gar nicht geöffnet – hat es doch! Und zwar jeden Tag, trotz seiner weltenfernen Lage irgendwo in den Südharzer Wäldern.

Der Rückweg erfolgt wieder über den Holzlagerplatz; hier rechts den Arnsbach entlang ins ❾ **Brandesbachtal**. Mit sehr viel Glück kann man auf den Feuchtwiesen des Naturschutzgebietes einen Schwarzstorch entdecken. Mindestens fünf Brutpaare dieser seltenen Vögel wurden im Südharz gezählt. An den Talhängen gedeihen Trollblumen und andere seltene Pflanzen, Insekten finden hier beste Lebensbedingungen. Der Weg zurück zum Netzkater wäre rasch gelaufen, wenn es nicht so viel zu beobachten gäbe. Wir nehmen uns die Zeit, stillen unsere Neugier und entdecken so manch wundersames Kraut.

35 Josephskreuz

Lieder und Diamanten am Wegesrand

mittel | 11 km | 4 Std. | ↥ 335 Hm

• **Tourencharakter**
Das ist kein Spaziergang! Von Stolberg auf den Großen Auerberg geht es fast ständig steil bergauf; die Wanderung erfordert gute Kondition, die Wege führen zumeist durch schattigen Wald oder am Waldrand entlang

• **Orientierung**
Von Stolberg gibt es mehrere Pfade zum Großen Auerberg; auf dem einen oder anderen kommt man auf jeden Fall nach oben – und wieder zurück

• **Gipfel**
Großer Auerberg, 580 m

• **Talort**
Stolberg, 296 m

• **Ausgangspunkt**
Markt in Stolberg; ein großer Parkplatz befindet sich am Bahnhof

• **Anfahrt mit Bahn & Bus**
Über Berga (Kyffhäuser) mit Bus 450

• **Gehzeit**
Ca. 4 Std.

• **Einkehr**
Am Josephskreuz befindet sich eine einfache Gaststätte

• **Karte**
Naturpark Harz
Maßstab 1:50 000
ISBN 978-3-937929-81-1
www.kk-verlag.de

Zwischen den Bergen des Südharzes, in vier enge Täler geschmiegt, liegt das mittelalterliche Fachwerkstädtchen Stolberg, ein geschichtsträchtiger Ort. Über schmalen Gassen erhebt sich die mächtige Burg und auf dem Marktplatz erinnert ein Denkmal an den Reformator Thomas Müntzer, der hier geboren wurde. Die Besteigung des Großen Auerbergs mit dem Josephskreuz ist der Höhepunkt für Wanderer.

Wer mehr möchte als Cappuccino trinken am Marktplatz, sollte eine Wanderung auf den 580 Meter hohen Auerberg erwägen. Sie beginnt am Markt im anmutigen ❶ **Stolberg** und führt durch die Töpfergasse und die Straße Zechental aus der Stadt hinaus. Am Ortsende zweigt links die Alte Auerbachstraße ab, die steil durch einen schönen Mischwald bergan steigt. Nach knapp drei Kilometern erreichen wir die Schutzhütte an der ❷ **Kreuzung der Sieben Wege**. Weiter geht es geradeaus bis zum Abzweig der Straße der Lieder; Texte deutscher Volkslieder werden auf Tafeln in Erinnerung gerufen.

Das anmutige Städtchen
Stolberg, überragt vom Schloss
Linke Seite: Das Josephskreuz
erinnert an den Eiffelturm in Paris.
Unten: Das Buschwindröschen

Buschwindröschen

Im Frühjahr breitet sich in Buchenwäldern ein Teppich weißer Buschwindröschen (Anemone nemorosa) aus. Nach der griechischen Mythologie sind es die Tränen der Liebesgöttin Aphrodite, die um den getöteten Adonis weint. Im Harz glaubte man, das Buschwindröschen helfe, Hexen zu erkennen, wenn man die getrocknete Pflanze raucht, weshalb sie im Harz auch Hexenblume heißt.

Auerberg-Diamanten Singend erreichen wir das ❸ **Josephskreuz**, einen Aussichtsturm, dessen Eisenkonstruktion an den Pariser Eiffelturm erinnert. Das Bauwerk wurde 1896 in Anlehnung an einen Vorgängerbau errichtet, den der berühmte Architekt Karl Friedrich Schinkel seinerzeit entworfen hatte. 200 Stufen führen bis auf die Aussichtsplattform in 38 Meter Höhe; belohnt wird die Mühe mit dem weiten Blick über den Harz. Vor dem Abstieg erkunden wir die Ostseite des Auerbergs, in der Hoffnung, dort einen Auerberg-Diamanten zu finden. Es handelt sich um Quarzkristalle, die bis zu einem Zentimeter groß werden und in der Form tatsächlich an echte Diamanten erinnern. Seltener entdeckt wird der schwarze Stolberger Diamant, ein Turmalin, der vor schädlicher Strahlung schützt und den Geist beflügeln soll. Der Rückweg führt uns nah an einem alten Porphyrsteinbruch vorbei und wieder zur ❷ **Kreuzung der Sieben Wege**. Von hier verläuft die Wanderung diesmal auf der Alten Poststraße nach ❶ **Stolberg** zurück.

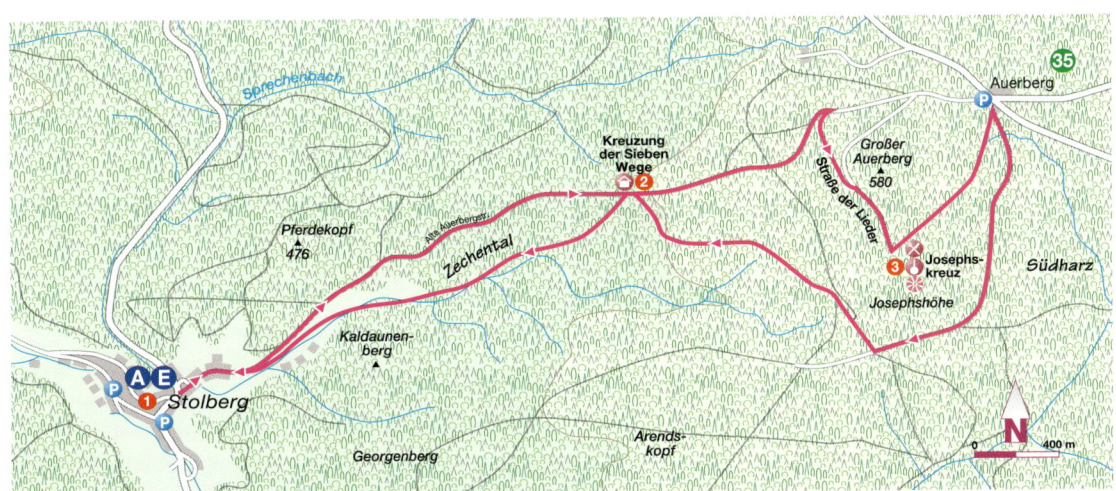

36 Questenberg

Unter Wodans Kappe

leicht **6 km** **1.30–2 Std.** **↥ 400 Hm**

• **Tourencharakter**
Kurze, nur 6 km lange, aber hoch-interessante und abwechslungs-reiche Wanderung, für die man auf jeden Fall mehrere Stunden einplanen sollte

• **Orientierung**
Einfach, aber zwischen Dinster-bachschwinde und Krummer Trift nicht durchgehend ausgeschildert

• **Höchster Punkt**
Queste, 320 m

• **Tiefster Punkt**
Dinsterbachschwinde, 118 m

• **Ausgangspunkt**
Parkplatz und Bushaltestelle am Ortsende Questenberg in Richtung Wickerode

• **Anfahrt mit Bahn & Bus**
Buslinie VGS-451 Roßla–Wicke-rode–Questenberg–Agnesdorf–Breitungen der Südharzlinie; www.vgs-suedharzlinie.de

• **Gehzeit**
Reine Gehzeit 1.30–2 Std.; tatsächlich braucht man für die Strecke mit Besichtigungen mindestens 3–4 Std.

• **Einkehr**
Gasthaus Zur Queste
Dorfstraße 9
06536 Questenberg
Tel. 034651/27 92
www.zurqueste.de

• **Karte**
KOMPASS WK 450
Harz (2 Karten)
Maßstab 1:50 000
ISBN 978-3-85026-112-8
www.kompass.de

Wenn sich im Winter dichte Nebel auf die Kalkberge um Questenberg legen, raunen die Alten: »Wodans Kappe«. Unter der Nebelkappe ver-bergen sich drei geheimnisvolle Burgen, ein uraltes heidnisches Fest, Bäche, die unterm Fels verschwinden und ein hölzerner Roland. Dies alles kann man in freundlicherer Jahreszeit auf einer spannenden Wan-derung durch die Südharzer Kalkberge entdecken.

Ein jahrtausendealter Sonnenkult Vom Parkplatz ❶ Questenberg in Rich-tung Wickerode führt ein ausgeschilderter Wanderweg durch die Karstland-schaft hinauf zur ❷ Queste. Steil steigt der Pfad aus dem Tal der Nasse an, auf hellem Kalkstein wachsen Heidekraut, Glockenblumen und eine unge-wöhnliche Nelkenart: Ebensträußiges Gipskraut gedeiht eigentlich in alpi-nen Regionen. Sein Vorkommen in den Südharzer Karstbergen wurde schon vor hundert Jahren dokumentiert. Nach knapp einem Kilometer erreichen wir das Plateau der Queste und blicken direkt auf das tief unter uns liegende Dorf Questenberg und die Ruine der Questenburg auf einem Felssporn ge-genüber. Das Plateau wird von der Queste beherrscht, ein zehn Meter hoher Eichenstamm mit einem großen Kranz aus Birkenlaub und seitlichen Reisig-büscheln; sie erinnert an ein keltisches Kreuz und ist das Symbol eines ger-manischen oder noch älteren Sonnenwendkults. Stamm und Querbalken der Queste teilen den Kreis in die vier Jahreszeiten. Im 6. Jahrhundert wandelte sich der heidnische Kult zum christlichen Pfingstfest und noch heute wird hier am Pfingstmontag die Sonne feierlich begrüßt und die Queste mit fri-schem Grün geschmückt. Pfingstfeste werden auch im angrenzenden Nord-thüringer Raum häufig mit nichtchristlichen Ritualen begangen.

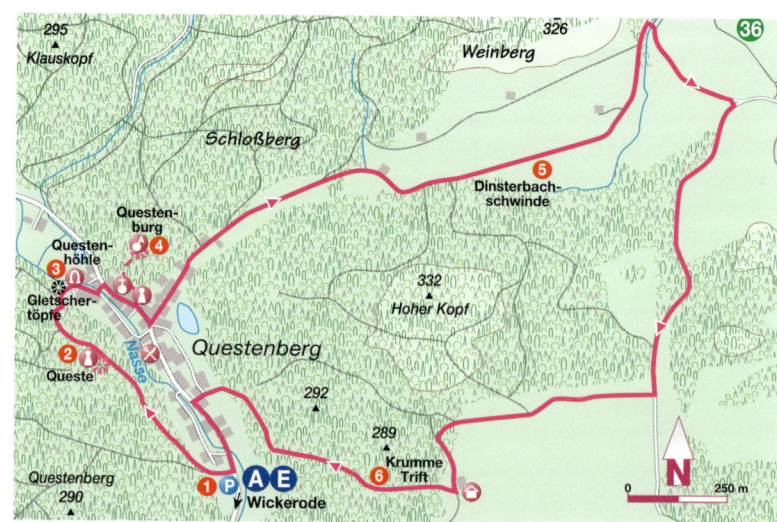

Die Queste, Wahrzeichen eines uralten Sonnenwendfestes

Es gibt nur drei hölzerne Rolande in Deutschland – einer sorgt in Questenberg für Recht und Ordnung.

Gletschertöpfe und Questenhöhle Der Abstieg zum Dorf führt an den Gletschertöpfen vorbei, die vor dem früheren Zugang zur ❸ Questenhöhle liegen. Es handelt sich um Strudellöcher, die der Fluss Nasse aus dem Gipsgestein gewaschen hat und in dem harte Kiesel hängen geblieben sind. Die Questenhöhle kann nicht mehr betreten werden, ihre Geschichte ist aber dennoch von Interesse: Der Zugang lag hintern Haus Nr. 29 in der Braugasse und die Bewohner hatten sich das Recht erworben, die Höhle zu erschließen und als Küche, Keller und Lagerstätte zu nutzen. Die begehbare Gesamtlänge betrug 100 Meter, jedoch wurde der Zugang 1944 verschüttet und das Haus im Jahr 1975 abgerissen.

Markt, Gerichtsbarkeit und Herrschaft Wir folgen dem Karstwanderweg durch den Ort bis zur Kirche und zum hölzernen Roland unter der Dorflinde. Im Mittelalter waren Roland-Skulpturen das Zeichen von Marktrecht und eigener Gerichtsbarkeit. Am bekanntesten ist der Bremer Roland aus Stein, im Südharz wurden die Rolande aus Holz gefertigt. Ungewöhnlich, dass ein scheinbar so unbedeutender Ort wie Questenberg seit 1730 ein eigenes Gericht besaß; auch das Halseisen an der Kirchhofsmauer weist darauf hin. Hinter der Kirche führt ein kurzer, aber steiler und unbefestigter Pfad hinauf zur ❹ Questenburg, um 1270 erbaut. Bis zum Dreißigjährigen Krieg war sie bewohnt, danach verfiel sie allmählich. Der Bogen des Torhauses ist erhalten und nimmt den Besucher in Empfang. Reste von Palas und Bergfried sind zu begehen, die vom Einsturz bedrohten Gewölbe wurden durch halb in die Erde gegrabene Löcher zugänglich gemacht. Wer sich tief bückt, um einen Blick ins Innere des Bergfrieds riskieren zu können, entdeckt auf den grünen Steinquadern ungewöhnliche Ritzzeichnungen. Über die Bedeutung dieser

Zeichen wurde viel gerätselt – sie erinnern an handwerkliches und landwirtschaftliches Gerät.

Auf den charakteristischen Kalkbergen am Tal der Nasse standen noch weitere Befestigungen. So befinden sich auf dem Arnsberg die Reste einer Wallanlage, die auf die Bronzezeit datiert wird und im innergermanischen Konflikt zwischen Armin dem Cherusker und dem Markomannenfürst Marbod 17 n. Chr. eine Rolle gespielt haben soll. Allerdings ist der Arnsberg unwegsam und die Wallanlage von Gestrüpp überwuchert. Reste einer weiteren Wallburg sind auf der Klause nördlich von Questenberg sichtbar.

Zurück im Dorf folgen wir wieder dem Karstwanderweg und biegen links in die Hirtengasse ein; der Schotterweg führt an der Haselbornschwinde vorbei und weiter zur ❺ Dinsterbachschwinde, der beeindruckendsten und größten Schwinde im Südharz. Diese Bäche, der Name deutet es an, verschwinden im Kalkgestein und fließen unterirdisch weiter. Zur Dinsterbachschwinde führt vom Fahrweg ein Pfad quer durch eine blühende Wiese zu einem hellleuchtenden Kalkfelsen, tief eingeschnitten ein Spalt, in dem sprudelnd die Schmelzwasser im Frühjahr oder nach starkem Regen geheimnisvoll verschwinden. Die Ausspülung unter dem Steilhang durch den Dinsterbach führt nicht selten zu Felsstürzen, deshalb empfiehlt es sich, nicht in die Schwinde hinabzuklettern. In der Südharzer Karstlandschaft sind zahlreiche Bachschwinden und episodische Seen bekannt.

Weiter folgen wir dem Schotterweg, queren über eine Brücke den Dinsterbach und gelangen nach weiteren 400 Metern rechts abbiegend in ein Naturschutzgebiet. Zwischen Streuobstwiesen windet sich der Weg durch das Borntal, die markante Silhouette des Kyffhäusergebirges wird sichtbar. Wieder biegen wir nach einem Kilometer rechts ab in Richtung Wickerode/Bennungen und erreichen eine spitzgiebelige Schutzhütte. Kurz hinter der Hütte zweigt die ❻ Krumme Trift ab, ein idyllischer Weg über ausgeblichenen, nur spärlich bewachsenen Kalkfels. Der alte Weideweg führt zwischen Birken und Eichen um den Arnsberg herum und ins Nassetal zu unserem Ausgangspunkt zurück.

Oben: In dieser Felsspalte verschwindet der Dinsterbach und fließt unterirdisch weiter.
Unten: Ein mystisches Labyrinth in den Mauerresten der Questenburg

Zur Queste

Ungewöhnliche Gaumenfreuden erlebt der Wanderer im Gasthaus und Biergarten Zur Queste in Questenberg. Die Wirtin hat sich, eingedenk der alten Tradition des Questenfests, mit der frühzeitlichen Küche beschäftigt und serviert ihren Gästen keltische Kost. Die Gerichte sind mit selbst angepflanzten Kräutern gewürzt, die im Garten gleich am Haus wachsen. Hülsenfrüchte werden als urige Beilage gereicht, da die Kartoffel in Mitteleuropa ja erst seit dem 17. Jahrhundert angebaut wurde. Das Schnitzel wird mit einer delikaten Kräutersauce gereicht, gebratene Leber mit einer Apfel-Speck-Soße verfeinert. Es stehen auch vegetarische Gerichte auf der Speisekarte. Unbedingt kosten!

37 Kyffhäuser

Eine Tour zwischen gestern und vorgestern

leicht 9 km 2–2.30 Std. 1í 374 Hm

• **Tourencharakter**
Einfach; bei der relativ kurzen
Wanderung muss nur zu Beginn
der steile Anstieg auf den Kyffhäuser gemeistert werden

• **Orientierung**
Einfach

• **Höchster Punkt**
Reichsburg Kyffhausen, 457 m

• **Talort**
Tilleda, 174 m

• **Ausgangspunkt**
Parkplatz am Ortseingang Tilleda

• **Anfahrt mit Bahn & Bus**
Zwischen Sangerhausen und
Tilleda fährt der VGS-453 der
Südharzlinie; Sangerhausen kann
man mit dem Regionalexpress der
Deutschen Bahn erreichen;
www.vgs-suedharzlinie.de
www.bahn.de

• **Gehzeiten**
Tilleda–Reichsburg Kyffhausen
1–1.30 Std., zurück übers Lange
Tal 1 Std.; insgesamt ca. 2–
2.30 Std.; für die Besichtigung
der Burg und der Pfalz sollte man
jeweils 1 Std. einplanen

• **Einkehr**
Kirschcafé Tilleda
Ernst-Thälmann-Straße 2
06537 Tilleda
Tel. 034651/902 83

• **Karten**
KOMPASS WK 450
Harz (2 Karten)
Maßstab 1:50 000
ISBN 978-3-85026-112-8
www.kompass.de

Der Kyffhäuser, ein kleines Mittelgebirge südlich des Harzes, gilt zu Recht als die geheimnisvollste Gebirgsregion in Deutschland. Wer auf mythischen Pfaden durch den Harz wandelt, sollte seine Reise unbedingt mit einer Wanderung durch diese geschichtsträchtige Landschaft auf den Spuren der Ottonen, des Kaisers Barbarossa und des Reformators Thomas Müntzer verknüpfen.

Der Mystische Berg Der Kyffhäuser erstreckte sich über 19 Kilometer in der Länge und sieben Kilometer in der Breite. Seine höchste Erhebung, der Kulpenberg, leicht an seinem Fernsehturm zu erkennen, misst 473 Meter. Unweit des Turms entdeckt man aus der Ferne das Kyffhäuserdenkmal, auch Barbarossadenkmal oder Kaiser-Wilhelm-Denkmal genannt; es wurde 1896 zu Ehren Kaiser Wilhelms I. (1797–1888) eingeweiht. Mächtige Buchenwälder und Obstwiesen an den Hängen prägen die Natur des Kyffhäuser auf seiner Nordseite, während im Süden eine offene Karstlandschaft mit weißen Gipsfelsen dominiert (siehe Tour 38).

Altes Erbe Unterhalb des Kyffhäuserdenkmals mit den Ruinen der romanischen Reichsburg Kyffhausen liegt in der Ebene die alte ❶ **Kaiserpfalz Tilleda,** Ausgangspunkt unserer Wanderung. Die Pfalz, Aufenthaltsort deutscher Könige und Kaiser, wurde im 9. Jahrhundert auf einem geschützten Plateau angelegt. Im Jahre 972 überschrieb sie Kaiser Otto II. der byzan-

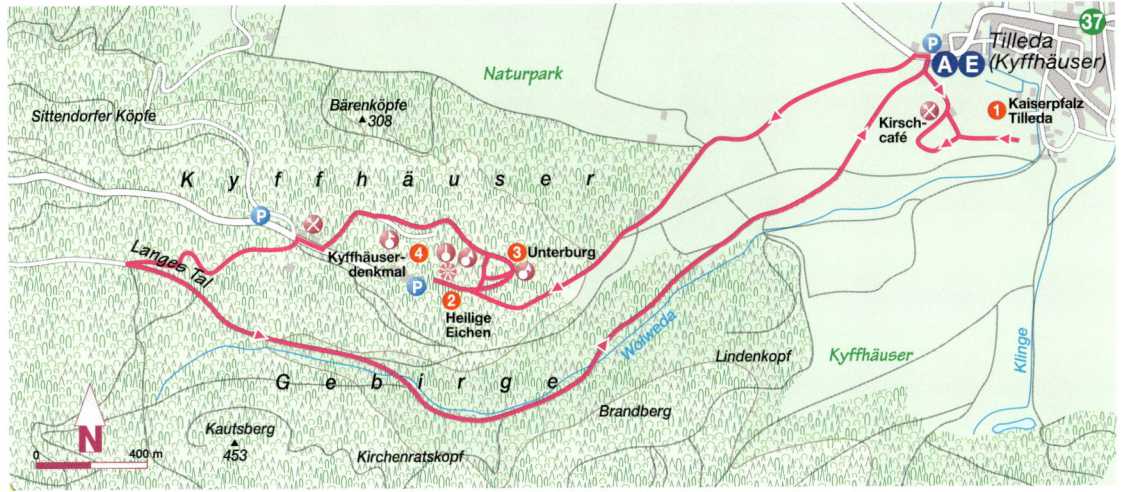

tinischen Prinzessin Theophanu als Brautgabe; Steinbauten, eine Kirche und eine Festhalle wurden angefügt. Nachgewiesen sind der Aufenthalt von Otto II. und Otto III., die sächsischen Kaiser (Ottonen) waren auf dem Höhepunkt ihrer Macht. Später nutzten auch die salischen Kaiser Konrad II. und Heinrich III. die befestigte Burganlage, die jedoch während der Sachsenaufstände zweimal zerstört wurde. Unter Kaiser Barbarossa wurde die Pfalz umgebaut, der Palas, das Wohnhaus, erhielt sogar eine Heißluftheizung … Kaiser haben es gerne bequem. Im Jahre 1194 stand Tilleda nochmals im Brennpunkt der Geschichte: Auf einem Hoftag versöhnte sich hier Heinrich VI. mit seinem Widersacher Heinrich dem Löwen. Dann geriet die Pfalz in Vergessenheit, erst im 20. Jahrhundert wurde sie wieder ausgegraben. Im heutigen Freilichtmuseum sind die wichtigsten Ausgrabungsfunde zu sehen. Die nach historischem Vorbild gebauten Häuser in der Vorburg beherbergen eine Ausstellung zur Geschichte der Ottonen und zum Leben auf der Pfalz.

Obstwiesen und Eichenhaine

Nach dem Besuch der Ausgrabungen in Tilleda beginnen wir unsere Wanderung hinauf zur Reichsburg und zum Kyffhäuser Denkmal. Weithin sichtbar gibt es die Richtung an und wir laufen durch herrliche Streuobstwiesen, auf denen alte Obstsorten wie die Birne Gute Luise oder Altländer Pfannkuchenapfel gedeihen. Nach der Wende waren die ausgedehnten Obstplantagen verwahrlost, jetzt aber kümmert sich das Streuobstzentrum Tilleda wieder um die Landschaftspflege und den Obstanbau.

Der Weg hinauf zum Denkmal erweist sich als kurz, aber steil. Über 200 Höhenmeter sind zu überwinden, bevor wir die ❷ Heiligen Eichen erreichen, die beim Bau des Denkmals gepflanzt wurden. Im grünen Dämmerlicht bilden sie ein mächtiges Rund. Stühle und Tische aus gewaltigen Mühlsteinen, eine Steinstele und ein künstlicher Teich vermitteln das romantische Bild des Mittelalters. Eichenhaine waren den Germanen heilig und ihr Wuchs das natürliche Vorbild der gotischen Dome.

An den Eichen beginnt ein Fahrweg, der rechts zur ❸ Unterburg führt. Sie ist der am besten erhaltene Teil der mittelalterlichen Reichsburg Kyffhausen. Die gesamte Anlage, unterteilt in Ober-, Mittel- und Unterburg, war 600 Meter lang und 60 Meter breit. Die trapezförmige Unterburg nimmt etwa

Adonisröschen

Das unter Naturschutz stehende Frühlings-Adonisröschen (Adonis vernalis) liebt kalkhaltige Böden. Als Heilpflanze wurde es gegen Herzbeschwerden und Blasenerkrankungen eingesetzt. Diese Medizin war sehr begehrt. Aus Thüringen, dem Hauptverbreitungsgebiet in Deutschland, wurde es im 18. Jahrhundert in großem Stil exportiert. Fast ausgestorben ist das Flammen-Adonisröschen, die blutrote Blume, in die nach Ovid die Göttin Venus ihren Geliebten Adonis verwandelt haben soll.

**Oben: Frühlings-Adonisröschen
Linke Seite: Die Kaiserpfalz Tilleda**

Panoramamuseum

Die Landschaft des Kyffhäusers ist
eng verbunden mit der Geschichte
der Reformation und des Bauern-
krieges. Im Jahre 1525 wurden die
Aufständischen in der Schlacht bei
Frankenhausen geschlagen, ihr Füh-
rer, der Reformator Thomas Müntzer, gefangen genommen und kurz
darauf in Mühlhausen hingerichtet.
Die aufwühlenden Ereignisse dieser
Zeit sind auf einem 123 mal 14 Meter großen Rundbild im Panoramamuseum oberhalb von Bad Frankenhausen zu sehen – geschaffen
vom Leipziger Maler Werner Tübke,
der nicht nur über 3000 Figuren im
Stil des »magischen Realismus« auf
die Leinwand brachte, sondern
auch den ganzen Kosmos der damaligen Zeit: Alter Glaube und
neue Ideen, Kriege und Konflikte,
Dämonen und Ungeheuer, schier unendlich ist die Fülle der Bilder
und Motive. Das Panoramabild
kann im Rahmen einer einstündigen
Führung betrachtet werden.
Panoramamuseum
Am Schlachtberg 9
06567 Bad Frankenhausen
Tel. 034671/619-0
www.panorama-museum.de

100 Meter ein; hierher verirren sich nur selten die Besucher des Denkmals.
Durch ein Tor der vollständig erhaltenen Burgmauer gelangen wir auf den
Burghof mit dem Stumpf des runden Bergfrieds und den Resten des Wohn-
turms, an den sich eine große Kapelle anlehnt. Chor und Empore sind erhalten geblieben. Bis zur Reformation diente sie als Wallfahrtskapelle, während
die Burganlage schon seit dem Jahr 1250 dem Verfall anheim gegeben war.
Der rote Sandstein der Mauern verleiht der Szenerie eine unerwartet süd-
ländische Stimmung.

Das Denkmal Zur Oberburg führte ein Weg über die Mittelburg, der zurzeit
aber gesperrt ist. Im Mittelalter wurden die Steine der Mittelburg abgetragen – viel ist nicht übrig geblieben. Wir wählen den schattigen Waldweg, der
am Nordhang von der Unterburg zur Oberburg führt. Hier befinden sich der
Zugang und das Kassenhäuschen des ❹ **Kyffhäuserdenkmals**. Das Monument erhebt sich 81 Meter hoch über drei Terrassen, davor das kühne Reiter-
standbild Wilhelms I. und darunter das Sandsteinmonument Barbarossas,
der gerade aus seinem vielhundertjährigen Schlaf erwacht. Die Mühe des
Aufstiegs über 232 Stufen auf den Turm belohnt ein grandioser Rundblick
vom Harz bis zum Thüringer Wald.
Von der Oberburg sind das Erfurter Tor, ein 176 Meter tiefer Burgbrunnen
und der quadratische Bergfried erhalten. Über die wechselvolle Geschichte
der Burg Kyffhausen erfahren wir mehr im Burgmuseum: Die Reichsburg
entstand – wahrscheinlich an der Wende vom 11. zum 12. Jahrhundert – zum
Schutz der Pfalz Tilleda, wurde aber schon 1118 von Lothar von Süpplingen-
burg, dem späteren Kaiser, zerstört. Allerdings sorgte er dann für den Wiederaufbau und die Erweiterung der mächtigen Burg. Schon im späten
13. Jahrhundert entstand die Sage von der Wiederkehr des Kaisers Barbarossa
(siehe Tour 38), die vom Volksglauben mit der Burg Kyffhausen in Verbindung gebracht wird.
Um zurück zur Kaiserpfalz Tilleda zu gelangen, schlagen wir gegenüber den
Gaststätten den Wanderweg in Richtung Ententeich ein. Nach einem Kilometer geht es links weiter auf dem Kaiserweg durchs Lange Tal, am Flüsschen
Wolweda abwärts, bis wir nach 3,5 Kilometern wieder Tilleda erreichen.

38 Barbarossahöhle

Bei des Kaisers Bart

mittel · 11 km · 3 Std. · ↑ 462 Hm

....

• Tourencharakter
Mittelschwere Runde durch die
südlichen Karstberge des Kyffhäusers; meistens auf schmalen Pfaden, die auch mal glatt sind, steil
auf und ab verlaufen oder sich an
schroffen Hängen entlangwinden

• Orientierung
Einfach; zwischen Weißer Küche
und Köhlerwiese, aber nicht eindeutig ausgeschildert

• Höchster Punkt
Kreuzung Rottlebener
Kommunikatweg, 318 m

• Ausgangspunkt
Parkplatz Barbarossahöhle, 148 m

• Anfahrt mit Bahn & Bus
Von Bad Frankenhausen fährt der
Bus VGS-494 der Südharzlinie
zur Barbarossahöhle; Bad Frankenhausen kann nur mit Bussen, nicht
mit der Bahn erreicht werden;
www.vgs-suedharzlinie.de

• Gehzeiten
Barbarossahöhle–Eschenecke 1 Std.,
Eschenecke–Weiße Küche 30 Min.,
Weiße Küche–Köhlerwiese 45 Min.,
Köhlerwiese–Barbarossahöhle
45 Min; insgesamt ca. 3 Std.

• Einkehr
Gaststätte Barbarossahöhle
Mühlen 6
06567 Rottleben
Tel. 034671/545 13

• Sehenswert
Barbarossahöhle
Mühlen 6
06567 Rottleben
Tel. 034671/545 13
www.hoehle.de

• Karten
KOMPASS WK 450
Harz (2 Karten)
Maßstab 1:50 000
ISBN 978-3-85026-112-8
www.kompass.de

Eine uralte deutsche Sage verknüpft sich mit dem Kyffhäuser: In einer Höhle des Gebirges wartet an einem steinernen Tisch seit vielen hundert Jahren der Kaiser Barbarossa. Raben umkreisen den Kyffhäuser und wecken ihn, wenn Deutschland vereinigt ist. Warum ist er noch nicht aufgewacht? Wir schauen nach und stoßen auf des Kaisers Bart, eine Kriminalgeschichte und uralte Opferhöhlen.

Ein Touristengag Am Südwesthang des Kyffhäusergebirges, das aus weißem Kalkstein besteht – eine mythologisch, geologisch und botanisch hochinteressante Landschaft –, liegt die ❶ **Barbarossahöhle.** Sie verdankt ihr Entstehen dem Kalkstein. Im Laufe der Jahrhunderte verwandelten unterirdische Wasserströme Anhydritgestein zu Gips, der ausgeschwemmt wurde. Die so entstandene Höhle wurde 1865 bei der Suche nach Kupferschiefer entdeckt. Bei der knapp einstündigen Führung durch die rund 700 Meter lange Gipshöhle gelangen wir in teils kuppelartige, teils weitgespannte Gewölbe, unter denen sich kristallklare Seen ausbreiten. Der Höhepunkt für Jung und Alt: der sagenhafte Steintisch, durch den der Bart des Stauferkaisers Barbarossa inzwischen hindurchgewachsen sein soll. Ein hübscher Touristengag. Nach dem Besuch bei des Kaisers Bart wandern wir am Südhang des Kyffhäusers mit seinen Trockenwiesen und Obstplantagen entlang in Richtung Bad Frankenhausen. Nach etwa 1,5 Kilometern, hinter einer Kleingarten-

Barbarossasage

Die Barbarossasage entstand lange vor der Entdeckung der Barbarossahöhle. Kaiser Friedrich I. (1122–1190), mit dem Beinamen Barbarossa, ertrank während des 3. Kreuzzugs in der fernen Türkei und wurde auch dort begraben.

Ursprünglich bezog sich die Sage vom schlafenden Kaiser auf Friedrich II. (1194–1250), den Enkel Barbarossas, eine der schillerndsten Persönlichkeiten auf dem Kaiserthron. Er stammte aus dem süditalienischen Apulien und suchte, ganz modern, den Ausgleich mit dem Islam. Nach seinem Tod begann die kaiserlose, die schreckliche Zeit und die Hoffnungen der Menschen knüpften sich an die Rückkehr des Kaisers. Immer wieder soll Friedrich II. im Reich gesehen worden sein, bis der Volksglaube ihn im Kyffhäusergebirge schlafen ließ. Später übertrug man die Sage und die Hoffnung auf seine Rückkehr auf den Großvater Barbarossa.

siedlung, führt eine mit Feldsteinen gepflasterte Straße bergauf in Richtung Rathsfeld. Sie ist so holprig, dass sie wohl aus Kaiser Zeiten stammen muss. Nach 700 Metern stoßen wir auf den Kyffhäuser-Wanderweg, dem wir nach rechts, steil durch den Wald hinauf, folgen. Hier, in den Karsthängen des Kyffhäusers, verbirgt sich die ❷ **Prinzenhöhle**, benannt nach einem Prinz von Schwarzburg, Opfer einer letztlich doch gescheiterten Entführung im Jahre 1865. Als Versteck hatten die Täter diese Höhle auserkoren.

Opferhöhlen Der Kyffhäuser-Wanderweg führt nun hinab ins Tal zur Eschenecke. Etwas südlicher befinden sich die sogenannten ❸ **Opferhöhlen**, 20 untereinander verbundene Höhlen und Spalten, die schon in der Steinzeit bewohnt waren. In einer dieser Höhlen, der Opferspalte, fand man die verstümmelten Skelette von mindestens 130 jugendlichen Opfern. Zwischen 1200 und 1000 vor Christus gab es hier eine Kultstätte, an der offensichtlich auch Menschen geopfert wurden. Die schwer zugänglichen Höhlen sind einsturzgefährdet und dürfen nicht betreten werden.

Wesentlich fröhlicher gestaltet sich die weitere Wanderung über die Karstfelsen der ❹ **Kattenburg**. Ein schmaler Wanderweg zieht sich hart am Steilhang entlang, Maiglöckchen und Salomonssiegel tragen im Herbst rote und blaue Früchte – aber Vorsicht: Stark giftig! Die kalkliebende Graslilie und das Adonisröschen blühen im Frühling. Durch Buchenwald und wärmeliebenden Eichenmischwald gelangen wir zu einer Weggabelung, hier halten wir uns links und erreichen kurz vor der B85 den Wegpunkt ❺ **Weiße Küche**, jetzt abermals links Richtung Kulpenberg. Eine Ausschilderung fehlt, wir folgen zwei Kilometer den Nordic-Walking-Zeichen bis zur Kreuzung mit dem Rottlebener Kommunikatweg, der links zur ❻ **Köhlerwiese** mit ihrer uralten Eiche führt. Hinter der Wiese zweigt der Kyffhäuser-Wanderweg ab; wir folgen ihm durch Buchenwald, über eine karge Freifläche und auf steilem Pfad hinab zur ❼ **Falkenburg**. Über ihren kümmerlichen Ruinen kreisen immer noch die schwarzen Raben Barbarossas.

Oben: Das Gipsgestein am Südrand des Kyffhäusers ist trocken und warm – und für die Graslilie (Bild unten) der richtige Standort.

Wandern, rasten, staunen im
Schatten des Mönchs bei Netzkater

Register

A

Achtermannshöhe 42f., 73
Alben 11
Albertturm 64, 67
Altenau 56, 62f., 68, 71
Alter Dammgraben 68ff.
Alter Mann vom Berg 11, 57
Appenrode 122f.
Asen 11
Atlantisches Zeitalter 123
Auerberg-Diamanten 129
Auerhahn (Gasthaus) 60f
Auerhahn 14, 76f.
Auerhuhngehege 76f.

B

Bad Frankenhausen 136
Bad Harzburg 34f.
Bad Sachsa 82f.
Ballenstedt 18
Barbarossa 134ff.
Barbarossahöhle 138f.
Bärenklippe 53
Bärwurz 53
Baumannshöhle 92f.
Benneckenstein 110f.
Bergwerk Drei Kronen & Ehrt 92f.
Bielsteine 126f.
Blanke Wormke 90f.
Blankenburg 18, 19, 22
Blauer See 93
Blocksberg 41
Blutstein 14
Bocksberg 60f.
Bode 26, 44, 87, 92, 98ff., 114
Bodekessel 101
Bodetal 10, 96ff., 100ff., 104
Borkenkäfer 14, 32
Brandesbachtal 124ff.
Braunlage 38, 42, 44f., 46, 74
Braunsteinhaus 122f.
Briefträgerweg 112, 115
Brocken 10, 13, 18, 29, 30, 32, 38ff.,
42, 44, 46, 48ff., 52f., 63, 69, 73, 75, 82,
94, 100, 110, 117
Brockenanemone 13, 49
Brockengarten 13
Brockengespenst 41
Brockenkinder 51
Bruchberg 15, 62f., 69, 76
Burg Falkenstein 107
Burgruine Anhalt 105f.
Butterstieg 11, 63

C

Clausthal-Zellerfeld 68f.

D

Dicke Tannen 112ff.
Dicker Stein 20
Disen 11
Drei Annen Hohne 48ff., 52f.

E

Eckerstausee 39
Eggeröder Brunnen 25
Einhornhöhle 80
Elbingerode 92f.
Elend 46f., 88
Elendsburg 47
Elendstal 46f.
Erzgrube Büchenberg 92f.

F

Feuersalamander 101
Fliegenpilz 27
Forsthaus Hohnehof 53
Friedrich, Caspar David 52

G

Gänseschnabel 125f.
Gegensteine 19
Gernrode 20
Goethe, Johann Wolfgang von 48, 73
Goslar 56, 60, 68
Große Scherstorklippen 46f.
Große Zeterklippe 51
Großer Auerberg 128f.
Großvater 21
Grunder Gefälle 64ff.
Grünes Band 116f.

H

Hahnenklee-Bocksberg 60f.
Hamburger Wappen 21
Harzburg 35, 38
Hasselfelde 94f.
Hasserode 26
Heilkräuter und Pflanzen
– Adonisröschen 135
– Augentrost 45
– Brockenanemone 13, 49
– Buschwindröschen 129
– Maiglöckchen 99
– Natternkopf 19, 69
– Roter Fingerhut 115
– Schwarze Königskerze 89
– Sonntenau 75
– Teufelsklaue 38f.
– Wiesenkümmel 53
Heine, Heinrich 30ff., 48
Hermannshöhle 92f.
Hexen 13
Hexenaltar 41
Hexenaltar (Wurmberg) 45
Hexenkraut 13
Hexenküche 57
Hexentanzplatz 15, 100ff.
Hexentanzplatz (Walkenried) 119
Hexentreppe 45
Himmelreich 118f.
Hohegeiß 112ff., 116
Hohnekamm 15, 52f.
Höllenstieg 51
Höllsteinklippen 121
Hübichenstein 64ff.

I

Iberg 64ff.
Iberger Tropfsteinhöhle 66f
Ilsefälle 30ff.
Ilsenburg 30, 33
Ilsestein 30ff.
Ilsetal 30ff.
Itelklippen 119f.

J

Josephskreuz 128f.

K

Kaiserweg 87
Kalte Bode 86f., 88ff.
Karl der Große 12, 13, 59, 89
Kästeklippe 56ff.
Kelle 123
Kleiner Sonnenberg 72f.
Kloster Drübeck 33
Kloster Ilsenburg 33
Kloster Michaelstein 22
Klostergarten 24,33
Klosterruine Walkenried 118f.
Köhlerei Stemberghaus 94f.
Köhlerweg 94f.
Königsburg, Ruine 86f.
Königshütte 86f.
Königskrug 42f.
Königsruhe 102
Königstein (Liegendes Kamel) 20
Kräuterfrauen 88
Kräuterpark Altenau 62f.

Kyffhausen (Reichsburg) 134ff.
Kyffhäuser 87, 134ff.
Kyffhäuserdenkmal 134ff.

L
Leistenklippe 53
Lichtensteinhöhle 66
Lonau 76f.
Luchs 14, 34f.
Luchsgehege Rabenklippe 34f.

M
Mädchenrathausplatz 61
Mägdesprung 13, 104
Mandelholz 88ff.
Mandelholztalsperre 87, 88
Mönch 11, 57, 125f.
Mythenweg Thale 98f

N
Neinstedt 20
Netzkater 124ff.
Neue Hütte 89
Nornen 11, 98

O
Oberharzer Wasserregal 68ff.
Oderteich 73, 74f.
Odin 35
Okerklippen 56ff.
Okertal 10, 56, 59
Opferhöhlen (Kyffhäuser) 138f.
Ottofelsen 15, 27, 29

P
Panoramamuseum (Bad Franken-
hausen) 136
Paternosterklippen 33
Pionierweg 39
Plessenburg 30, 33
Polsterberger Hubhaus 71
Prinzensicht 102
Pyrit 93

Q
Queste 15, 130ff.
Questenberg 130ff.
Questenburg 132

R
Raben 35, 138f.
Rabenklippe 34f.
Rabensteiner Stollen 124
Radauwasserfall 38
Rammelsberg 14, 68
Rappbodetalsperre 94f.
Ravensberg 82f.
Rieder 20

Riesen 11, 104
Römersteine Nüxei 83
Romkerhaller Wasserfall 56
Rosstrappe 96ff., 100f
Roter Blutstein 92f.
Rübeland 92f.

S
Sachsen 12, 59
Sachsenwall 102
Sagen
– Barbarossa 136, 139
– Burg Anhalt 105f.
– Burg Falkenstein 107
– Bielsteine 126f.
– Hexenbrunnen 13
– Hübichenstein 66
– Ilse 30
– Kelle 123
– Köhler und Teufel 95
– Mägdesprung 104
– Mönch und Gänseschnabel 125f.
– Rabenklippe 35
– Römersteine 83
– Rosstrappe 13, 98f.
– Scherstorklippen 47
– Schlangenkönig 105
– Teufelsmauer 18
– Wasur 102
Sankt Andreasberg 72f.
Scharfensteinklippe 38ff.
Scharzfeld 78ff.
Scharzfels, Burgruine 79f.
Schierke 46, 49
Schnarcherklippen 46f.
Selkemühle 104f.
Selketal 104ff.
Sleipnir 29, 62, 98, 102, 130
Sonnenberg 74
Sonnenberger Moor 74f.
Sonnenscheiben 20
Sonnentau 75
Sonnenwendfeier 12, 15, 89, 130
Sophienhof 110f.
Sperberhaier Damm 69,71
Stabkirche 60f.
Steinerne Renne 15, 26ff.
Steinkirche Scharzfeld 80f.
Steinmühlental 11, 57, 122f.
Stemberghaus 94f.
Stolberg 128f.

T
Teufelskanzel 41
Teufelsmauer 18ff.
Teufelsstieg 38ff.
Thale 96, 100ff.
Thor (Donnergott) 47, 51

Tilleda (Kaiserpfalz) 87, 134ff.
Timmenrode 21, 99
Todtenrode 96, 99
Tote-Männer-Tal 71
Treppenstein 57
Treseburg 100, 102
Trogfurter Brücke 87
Trudenstein 51ff.

V
Vanen 11
Volkmarskeller 22ff.

W
Walhalla 12
Walkenried 116f., 118ff.
Walküren 11
Walpurgis 98
Walpurgisnacht 41
Warme Bode 44, 86, 89
Warnstedt 18, 20
Wasur 102
Wernigerode 26
Westerhausen 20
Winzenburg 97f.
Wodan 29, 62, 98, 102, 130
Wolf 14, 15, 62
Wolfsbachtal 114f.
Wolfswarte 62f.
Wollsackverwitterung 59
Wormketal 89ff.
Wurmberg 44f., 50, 73

Z
Zwerge 11, 98